IDENTITÉS COLLECTIVES
ET CIVILISATION

IDENTITÉS COLLECTIVES ET CIVILISATION
de Martin Masse
est le quatre cent quatre-vingt-seizième ouvrage
publié chez
VLB ÉDITEUR.

Martin Masse

Identités collectives et civilisation

Pour une vision non nationaliste
d'un Québec indépendant

vlb éditeur

VLB ÉDITEUR
Une division du groupe
Ville-Marie Littérature
1010, rue de la Gauchetière Est
Montréal, Québec
H2L 2N5
Téléphone: (514) 523-1182
Télécopieur: (514) 282-7530

Maquette de la couverture:
Nancy Desrosiers

En couverture:
Marc-Aurèle Fortin, *Nuages sur Hochelaga*, aquarelle, *circa* 1928. VisArt.

Distribution:

Pour le Québec, le Canada et les États-Unis:
LES MESSAGERIES ADP*
955, rue Amherst
Montréal, Québec, H2L 3K4
Téléphone: (514) 523-1182
                      interurbain sans frais: 1 800 361-4806
* Filiale de Sogides ltée

Pour la Belgique et le Luxembourg:
PRESSES DE BELGIQUE S.A.
Boulevard de l'Europe 117, B-1301 Wavre
Tél.: (10) 41-59-66
         (10) 41-78-50
Télécopieur: (10) 41-20-24

Pour la Suisse:
TRANSAT S.A.
Route des Jeunes, 4 Ter
C.P. 125, 1211 Genève 26
Tél.: (41-22) 342-77-40
Télécopieur: (41-22) 343-46-46

Pour la France et les autres pays:
INTER FORUM
Immeuble ORSUD, 3-5, avenue Galliéni, 94251 Gentilly Cédex
Tél.: (1) 47.40.66.07
Télécopieur: (1) 47.40.63.66
Commandes: Tél.: (16) 38.32.71.00
Télécopieur: (16) 38.32.71.28
Télex: 780372

Dépôt légal — 1er trimestre 1994
Bibliothèque nationale du Québec
ISBN 2-89005-559-0

À Nigel

Remerciements

Je tiens à remercier les personnes suivantes pour avoir bien voulu lire le manuscrit et m'offrir leurs critiques et leurs suggestions: le professeur Kris Deschouwer (Vrije Universiteit Brussel), le professeur Hudson Meadwell (Université McGill), Léna Widerkehr, Charlotte O. Romain et Claudie Leroy. Cette entreprise a pu également être menée à bien grâce à l'appui moral et technique qui m'a généreusement été offert par Vroumm Communications et l'appui financier de la Communauté flamande de Belgique.

We are both intellect and passion, our minds have both objective knowledge of the outer world and subjective experience. To discover methods of bringing these separate worlds together, to show the relationship between them, is, I feel, the most important task of modern education.

ALDOUS HUXLEY,
The Human Situation

Introduction

Individuel/collectif. Subjectif/objectif. Ces deux couples d'antonymes résument à eux seuls une bonne partie des débats qui ont trait à des questions sociales, psychologiques, culturelles ou politiques. Non seulement oppose-t-on l'individu à la collectivité, mais encore doit-on distinguer entre différents niveaux d'organisation collective, de la famille à la nation en passant par la région, la classe socio-économique, le groupe sexuel, l'ethnie, la religion ou même, entité sociale ultime, l'humanité. La réalité humaine se vit et se perçoit de nombreuses façons, avec des colorations qui diffèrent selon la perspective que l'on adopte. Dans de pareilles circonstances, est-il possible qu'un individu interprète correctement cette réalité alors même qu'il doit, de façon nécessairement subjective, se situer et se définir par rapport à ces diverses perspectives?

Certaines doctrines ont associé l'objectivité à un point de vue exclusivement individuel, débarrassé de toute influence en provenance de la collectivité. D'autres ont décrété que telle optique collectiviste était, par essence, objective. On a aussi pu dire que l'objectivité, même partielle, n'existait simplement pas. Ou encore qu'elle était néfaste et que seule une subjectivité radicale favorisait la créativité ou un comportement moral.

Qu'il s'agisse d'une conversation entre amis, d'un enseignement scolaire ou d'un discours politique, chaque opinion émise contient, explicitement ou non, une prise de position en regard de ces questions, qui rejoignent tous les aspects de la vie en société. À partir du moment où l'on s'interroge sur la façon dont on doit se comporter et vivre, il est nécessaire de se situer en tant qu'individu membre de multiples groupes, chacun étant défini et valorisé de manières différentes. Dès que l'on cherche par ailleurs à mettre de l'avant un aménagement collectif particulier, à convaincre les autres membres des groupes concernés de la justesse de son point de vue, il faut alors pouvoir justifier son discours en lui prêtant une universalité qui dépasse les intérêts ou les préjugés individuels. D'où la prétention presque inévitable de tout discours à l'objectivité.

Le présent essai est issu d'une série de préoccupations, de réactions et de questionnements qui se rattachent directement à ces deux problématiques.

Étudiant en science politique à l'Université McGill il y a quelques années, j'ai eu l'occasion de participer à un séminaire consacré à ce que les anglophones nomment «*ethnic nationalism*», c'est-à-dire aux mouvements nationalistes qui existent au sein de groupes culturels minoritaires dans leur pays. Comme militant nationaliste québécois, je me suis trouvé confronté à un ensemble de théories qui prétendaient expliquer mon comportement et mes motivations, alors qu'il m'était pratiquement impossible de m'y reconnaître, au-delà d'un certain nombre de généralisations qui n'éclairaient qu'une facette limitée du problème. Étais-je mû par mes intérêts économiques, par un sentiment de frustration envers un groupe dominant, par une réaction contre la modernisation accélérée de structures sociales traditionnelles, par un rejet du centralisme bureaucratique de l'État fédéral, ou encore par la recherche d'un pouvoir de classe, par un attachement à des mythes culturels? Rien de tout cela ne semblait offrir une réponse valable et complète.

Malgré mes réserves, toutefois, il s'avérait difficile de mettre de l'avant un autre type d'explication ou plutôt, ce à quoi semblait me condamner mon engagement personnel, de justification. Comment pouvais-je en effet prétendre à une quelconque objectivité, en tant que militant? Comment pouvait-on interpréter mes opinions comme autre chose qu'un simple discours idéologique, «décodable» au moyen de l'une ou l'autre des grilles d'analyse disponibles, alors que le but était de produire une étude «scientifique» du phénomène?

La réflexion amorcée à ce moment-là a eu d'abord pour but de comprendre les motifs et le fonctionnement de l'action collective à partir d'un petit nombre de concepts fondamentaux décrivant la réalité humaine. Le nationalisme est rapidement apparu comme une simple variante, dans un contexte donné, d'un comportement collectiviste observable sous de nombreux aspects et prenant pour points d'appui des identités collectives à de multiples niveaux.

À mesure que cette analyse prenait forme, il devenait cependant de plus en plus difficile de rester sensible, comme auparavant, au contenu du discours nationaliste. Une meilleure compréhension des effets recherchés par ce discours, ainsi que de la «mécanique» de l'action collective, fait en sorte de rendre celle-ci prévisible et réduit finalement la charge émotive mise en jeu. Il devient alors possible de prendre un recul additionnel et de considérer plus rationnellement ses propres motivations à participer à l'action collective.

J'en suis donc venu à procéder à mon propre décodage d'un discours idéologique dont le contenu mythique apparaissait maintenant évident. Mais au contraire des théories évoquées plus haut, qui considèrent en fin de compte comme non pertinentes les justifications que les nationalistes eux-mêmes mettent de l'avant à cause de ce caractère mythique d'une partie de leur discours, il m'a semblé important de comprendre *pourquoi* celui-ci est justement si efficace, *pourquoi* les nationalistes non seulement s'en servent, mais y croient. La théorie générale sur les mouvements collectivistes qui est issue de cette réflexion est développée dans les deux chapitres de la première partie de cet ouvrage.

Si les constructions mythiques et les rationalisations du discours nationaliste n'étaient plus en mesure de fournir des arguments en faveur de l'objectif collectif poursuivi — dans ce cas-ci, l'indépendance politique du Québec —, il fallait ou bien en abandonner l'idée, ou bien trouver d'autres justifications, peut-être plus fondamentales. Toujours sur la base des

concepts et des hypothèses présentés dans la théorie générale, c'est en se tournant vers des questions d'éthique et d'esthétique que la réflexion sur les identités collectives s'est
alors poursuivie. Parce qu'un sentiment d'identification à la
collectivité s'avère nécessaire pour fonder un comportement
éthique envers les autres membres du groupe, de même que
pour susciter une sensibilité esthétique qui sous-tend la création comme la jouissance de multiples «mises en forme» de la
réalité, un repli sur une position purement individualiste ne
pourrait manquer d'être néfaste. Si l'individualisme peut
alors être réhabilité, c'est à partir d'une position humaniste
où l'identification à l'humanité transcende, et parfois s'oppose à des identités collectives à d'autres niveaux.

C'est justement en se situant dans une perspective plus
globale, prenant en compte l'organisation collective à tous les
niveaux, qu'il devient possible de donner un sens et une valeur à une identification collective particulière. Le développement de la civilisation, c'est-à-dire, selon la définition qui en
est donnée dans la seconde partie de ce livre, un approfondissement des sensibilités éthique et esthétique, ne peut survenir
que si l'on reste conscient de la relativité, en même temps que
de la nécessité, de chacun de ces niveaux.

La troisième partie attaque donc de front le problème de
l'identité québécoise et du nationalisme. En premier lieu, en
analysant les différents aménagements collectifs possibles à
la lumière des conclusions de la partie précédente, il est apparu sans équivoque que c'est l'identité québécoise, et non
les identités canadienne et canadienne-française, qui offre un
potentiel valable de développement de la civilisation. Différentes caractéristiques se rapportant aux espaces collectifs
québécois et canadien sont évaluées, comme le bilinguisme,
le multiculturalisme, la francophonie et la nord-américanité.
Un dernier chapitre traite plus particulièrement des aspects
économiques de la question.

Si cette analyse permet de produire de nouveaux arguments en faveur d'une éventuelle accession à l'indépendance
pour le Québec, ceux-ci sont cependant à l'opposé du discours nationaliste traditionnel. Alors que ce dernier cherche à

mythifier un seul niveau d'identité collective et s'appuie sur un rejet de l'«Autre» pour motiver les membres du groupe à produire le bien collectif désiré, les justifications développées dans les derniers chapitres mettent plutôt l'accent sur une approche qui se veut non mythifiée, où des sentiments d'identification à différents niveaux se complètent dans un souci de répondre à des exigences d'équilibre et de profondeur. C'est donc à une réévaluation majeure du discours nationaliste, tel qu'il a été mis de l'avant le plus souvent au Québec depuis trente ans, que cette démarche appelle.

Un court essai cherchant tout à la fois à expliquer certains comportements humains fondamentaux, à lier entre eux des concepts généraux tels que civilisation, idéologie, éthique, ou identification collective, de même qu'à renouveler la problématique nationaliste québécoise, peut difficilement être exempt de déficiences théoriques ou méthodologiques. On trouvera donc inévitablement au fil de ces pages un bon nombre de simplifications et de généralisations abusives, ainsi que des propositions complexes ayant déjà fait l'objet de traités philosophiques qui sont expédiées en deux paragraphes.

Cet essai ne prétend à l'originalité que de deux façons: d'abord, en cherchant à fonder une analyse de la réalité individuelle et sociale sur un petit nombre de concepts fondamentaux et sur une théorie générale présentés dans la première partie du livre; ensuite, en liant entre elles des problématiques diverses, dont celle du nationalisme québécois, sur la base de déductions permises par cette théorie. Le lecteur ne devrait pas se laisser décourager par l'aspect condensé de cette première partie théorique: lorsque les quelques concepts de base ont été assimilés, la suite du texte se lit beaucoup plus facilement. Un lexique placé à la fin du livre permet de retrouver en un coup d'œil les principales définitions.

Une entreprise aussi globale doit enfin nécessairement adopter une approche multidisciplinaire. L'une des déficiences les plus prononcées des théories en vogue sur le nationalisme m'étant apparue être leur spécialisation excessive, c'est l'éclectisme méthodologique qui sera donc de rigueur dans les pages qui suivent.

PREMIÈRE PARTIE

Identités collectives et mouvements collectivistes

CHAPITRE PREMIER

Présentation des concepts fondamentaux

Le schéma qui suit intègre de façon très simplifiée les principales données à la base du comportement humain, au niveau d'un seul individu. Seuls les éléments encadrés d'une ligne brisée représentent des phénomènes collectifs, dont fait partie l'individu. La théorie proposée tente d'expliquer comment ces données interagissent et comment le comportement individuel et, par extension, collectif, résulte de ces interactions.

Il est apparu inutile de tracer les lignes et flèches habituelles pour indiquer les relations entre les éléments puisque celles-ci existent entre chacun d'entre eux et dans tous les sens, même si certaines sont plus importantes. On remarquera par ailleurs une certaine logique dans la disposition des éléments.

La principale division au sein du schéma est celle qui distingue la *réalité subjective* d'un individu de son *rapport à la réalité objective*. Cette division implique bien sûr que la réalité objective est autre chose qu'une image mentale, qu'elle existe hors de la conscience du sujet (les réalités subjectives de tous les autres individus, de même que la sienne propre, faisant aussi partie de la réalité objective pour un individu donné, dans la mesure où elles sont objets de compréhension), et qu'il est possible de la comprendre et de la contrôler dans une certaine mesure.

FIGURE 1

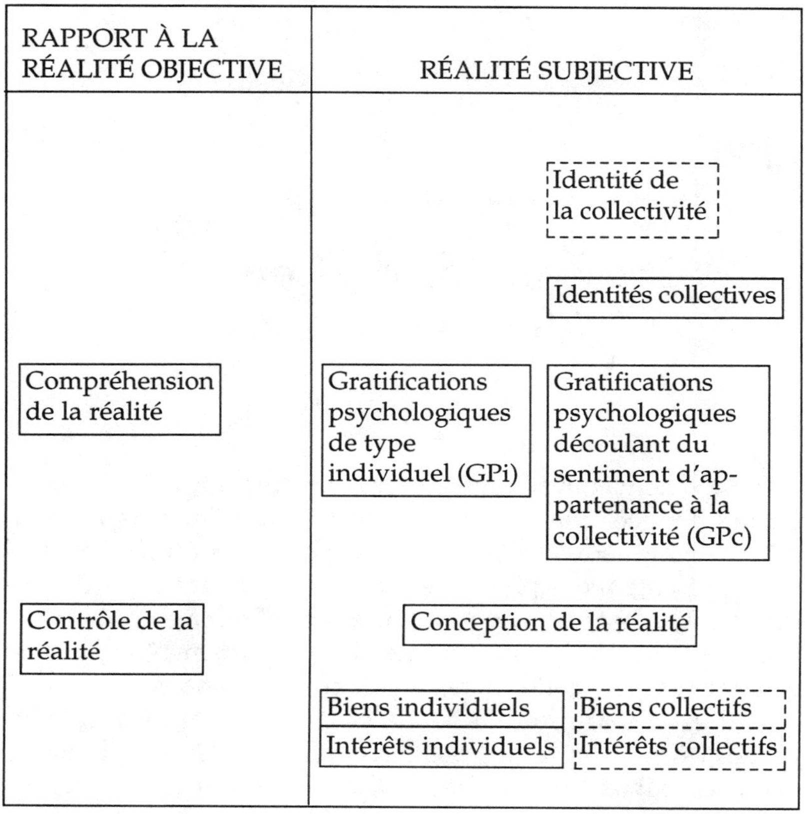

RAPPORT À LA RÉALITÉ OBJECTIVE	RÉALITÉ SUBJECTIVE	
		Identité de la collectivité
		Identités collectives
Compréhension de la réalité	Gratifications psychologiques de type individuel (GPi)	Gratifications psychologiques découlant du sentiment d'appartenance à la collectivité (GPc)
Contrôle de la réalité	Conception de la réalité	
	Biens individuels	Biens collectifs
	Intérêts individuels	Intérêts collectifs

Comprendre la réalité signifie faire des liens entre des éléments pour avoir une image d'un tout en mouvement. Si les êtres humains furent à l'origine des organismes primaires flottant dans l'océan primordial, et si l'univers est lui-même issu d'un noyau originel où un «big bang» s'est produit, les réalités humaines, de même que les réalités physiques, ne peuvent qu'être inextricablement liées. Il n'existe pas de coupure absolue entre des sociétés, des façons de voir le monde, ou des disciplines analysant différentes facettes de la réalité. Il n'existe pas un puzzle exclusif pour la politique et un autre pour l'histoire de l'art, ni un pour le Québec et un autre pour le Japon. Chaque morceau du puzzle «univers» est relié aux autres d'une certaine façon, même s'il est possible de concentrer son attention sur un coin particulier de l'image.

Cette mise au point sur l'interdépendance des différentes parties du réel justifie d'abord une approche multidisciplinaire dans l'analyse du comportement humain. Elle sera utile aussi plus loin quand nous aborderons des problèmes spécifiques liés aux identités collectives.

La seconde variable qui caractérise le rapport de l'individu à la réalité objective mesure idéalement sa capacité à contrôler ou à influencer la réalité, dans un sens très large, de quelque façon que ce soit. Qu'il s'agisse de la capacité à produire ou à obtenir des biens, à se transporter, à communiquer, à soigner, à transformer la matière, etc., toute forme de pouvoir sur la réalité, qu'elle soit physique, économique, technologique ou autre, entre dans cette catégorie.

L'interdépendance entre ces deux variables est suffisamment évidente. Par exemple, une découverte scientifique a généralement des conséquences au chapitre des applications technologiques; dans l'autre sens, une amélioration des moyens de communication ou de transport peut provoquer une augmentation des flux d'information.

Cette première constatation d'une division entre réalité subjective et rapport à la réalité objective nous permet d'esquisser certaines caractéristiques propres au comportement individuel qui se rapportent à la *conception de la réalité*.

Tout individu possède un certain nombre de *croyances qui tentent d'expliquer la réalité, de définir sa position dans le monde, qui ont pour but de justifier ou de condamner ce qui est et d'indiquer ce qui devrait être.* Cette conception du monde est influencée par les autres variables qui constituent la réalité subjective de l'individu. En ce sens, elle se distingue de la compréhension de la réalité qui n'est qu'une simple évaluation de ce que l'individu comprend ou ne comprend pas de la réalité objective. Il est toutefois évident que ce degré de compréhension aura lui aussi une influence sur la manière dont l'individu conçoit la réalité.

Ainsi, les croyances de la conception de la réalité ne sont pas nécessairement des conclusions rationnelles provenant d'une observation détachée de la réalité, mais plutôt le résultat d'une *interaction* entre la compréhension de la réalité et les exigences, au plan émotionnel, issues de la réalité subjective de l'individu. Nous verrons plus loin comment se manifestent ces exigences. Mais nous pouvons dès maintenant estimer qu'il n'y aura pas correspondance parfaite entre les faits et les idées sur lesquels la conception de la réalité est construite et la réalité objective elle-même. Ce qui implique la présence de *mythes*, ou *croyances qui ne correspondent pas à la réalité objective.*

Cette interaction implique aussi la possible dichotomie, en ce qui a trait à une décision éventuelle à prendre ou à une attitude à déterminer, entre des critères issus d'exigences émotionnelles et d'autres issus de la compréhension de la réalité. On reconnaît là les fameux déchirements entre «passion et raison», ou entre «le cœur et la tête».

La seconde division au sein du schéma se situe à l'intérieur de la réalité subjective de l'individu et concerne les deux types de *gratifications psychologiques* (GPi et GPc). L'être humain est vu ici comme essentiellement à la recherche de *«sensations», au sens large, qui lui procurent une certaine satisfaction, qui répondent à certains besoins, certains désirs.* Ces gratifications psychologiques peuvent être de natures très diverses, on ne les confondra donc pas avec une simple recherche hédoniste du plaisir qui se limite à des sensations bien précises.

Ce qui distingue les deux types de gratifications tient au contexte dont elles sont issues: Qu'est-ce qui incite l'individu à rechercher une gratification plutôt qu'une autre?

L'être humain est un animal social, un membre de plusieurs collectivités à différents niveaux, mais aussi, bien sûr, une entité distincte en lui-même. On peut donc postuler qu'il existe deux contextes, reflétant ces réalités individuelle et collective, qui encadrent la recherche de gratifications. Le premier contexte sera celui où l'individu recherche des gratifications *en tant qu'individu*, et donc sans que ses appartenances collectives soient en jeu. Parmi ces *gratifications de type individuel* (GPi), on peut mentionner les sensations qui se rapportent au bien-être physique, à l'excitation sexuelle «brute»

— excluant le côté émotif —, à la possession individuelle de biens matériels ou autres, à la recherche individuelle de pouvoir ou d'autres formes d'avancement individuel, au besoin d'une identité individuelle positive, etc.

Le second contexte implique un sentiment d'appartenance à une collectivité. L'individu recherche des *gratifications découlant du sentiment d'appartenance à la collectivité* (GPc) *dans la mesure où il se considère membre de cette collectivité, où il ressent un certain attachement émotionnel envers elle, et où cette appartenance modifie ses besoins, ses désirs, sa vision du monde, son comportement*. Entre dans cette catégorie toute gratification liée à une sensibilité éthique (l'éthique indiquant la juste façon de vivre en groupe, d'agir par rapport à son environnement) ou à une sensibilité esthétique (l'esthétique étant, dans un sens très large, ce qui «met en forme» la réalité vécue d'une collectivité, qu'il s'agisse de mœurs, coutumes, langue, éléments artistiques et culturels, caractéristiques physiques, sexuelles, géographiques, etc.). S'y ajoutent les sensations directement reliées au sentiment d'appartenance comme par exemple la fierté collective, la recherche de solidarité ou d'homogénéité au sein du groupe, le besoin de soutien émotionnel.

Comme pour les autres variables du schéma, il s'agit de catégories idéales, qui n'existent bien sûr pas de façon aussi distincte dans la vie de tous les jours. Une sensation quelconque peut être composée en partie de GPi et en partie de GPc, sans que l'on sache où se situe la frontière. La recherche de GPi peut par ailleurs être partiellement déterminée par un contexte social qui laisse plus ou moins d'espace à la liberté d'action et d'expression individuelle. Enfin, des gratifications découlant de sentiments d'appartenance à plusieurs collectivités peuvent être présentes en même temps.

Venons-en donc à ces collectivités et au concept d'identité collective. Si l'individu se considère membre d'une collectivité, c'est qu'il croit posséder certaines caractéristiques en commun avec d'autres individus et que ces caractéristiques partagées fondent une identité collective. Ce concept peut cependant porter à confusion parce qu'il exprime aussi bien, dans le langage courant, l'identité collective d'un individu que celle d'une collectivité. Nous utiliserons donc, pour distinguer ces deux paliers, *identité collective* au niveau de l'individu, et *identité de la collectivité* ou *d'une collectivité* au niveau du groupe. Le lecteur excusera l'inélégance de cette formulation.

L'identité collective est *l'ensemble des caractéristiques qu'un individu attribue à une collectivité à laquelle il croit appartenir, qu'il considère comme particulières à cette collectivité, et par rapport auxquelles il se situe pour définir sa propre identité personnelle.* Ces caractéristiques peuvent se rapporter à n'importe quel domaine de la vie humaine. Elles varient évidemment selon la collectivité qui est en jeu: une identification à la famille Tremblay implique certaines caractéristiques qui diffèrent de celles d'une identification à la communauté homosexuelle, à l'Europe, à la région de Charlevoix, à la classe ouvrière ou à l'humanité tout entière. Ces différents niveaux d'identités collectives coexistent dans la personnalité d'un seul individu et influencent ses pensées et son comportement dans différentes sphères de la vie.

L'individu acquiert ses identités collectives de plusieurs façons, la plus importante étant sans doute le processus de socialisation qu'il traverse durant l'enfance et l'adolescence, par lequel les caractéristiques de son milieu lui sont transmises. Ce processus est complexe et il n'entre pas dans le cadre de cet essai de s'y attarder. Ajoutons simplement que dans une société dite «traditionnelle», les facteurs de socialisation (famille, école, église, médias, fréquentations personnelles, etc.) tendent à transmettre des valeurs similaires et à se compléter. Dans une société «moderne», ou pluraliste sur le plan social, ces valeurs et caractéristiques sont plus hétérogènes et peuvent être divergentes.

Cette constatation nous amène à considérer un problème crucial dans le cadre de cette théorie, celui de la définition de l'identité d'une collectivité. Alors que l'identité collective contient les caractéristiques qu'un seul individu attribue à la collectivité à laquelle il s'identifie (ce qui est relativement facile à comptabiliser), *l'identité d'une collectivité devrait idéale-*

ment contenir les caractéristiques qui définissent la collectivité tout entière, considérée comme une unité en elle-même. Or, s'il est bien sûr possible de conceptualiser une telle entité, ce qui distingue essentiellement l'identité d'une collectivité c'est qu'*il est impossible d'en définir, de façon précise et objective, le contenu et les limites.*

Le partage de caractéristiques à certains niveaux avec d'autres individus fonde chez l'être humain des identités collectives et provoque un sentiment d'appartenance à des collectivités. Ces collectivités n'existent donc *que parce qu'un certain nombre d'individus s'identifient à elles*; elles ne possèdent en conséquence aucun fondement extérieur aux individus eux-mêmes. Lorsque des individus partagent des caractéristiques et s'identifient à une collectivité, cette collectivité existe; lorsque ces individus, pour une raison ou une autre, cessent de s'identifier à la collectivité, celle-ci disparaît.

Le problème qui se pose lorsqu'on tente de définir l'identité d'une collectivité vient du fait que chaque individu qui la compose s'est construit une identité collective potentiellement originale, et potentiellement divergente de l'identité collective des autres membres. Ce degré de divergence peut évidemment varier: il sera relativement plus facile de déterminer les caractéristiques qui définissent un groupe très homogène que de déterminer celles d'un groupe très hétérogène. Mais le problème du contenu et des limites est tout de même inévitablement présent dès que l'on tente d'attribuer à une collectivité des caractéristiques qui sont jusqu'à un certain point subjectives, c'est-à-dire qui dépendent en partie de l'approbation des sujets, des individus qui en font partie.

Un exemple fictif permettra d'illustrer de façon concrète ce problème de définition. Supposons qu'à la suite d'un sondage sur l'identité collective «québécoise», nous ayons récolté au total cinq caractéristiques qui fondent cette identité chez les individus interrogés. Ces caractéristiques sont les suivantes: 1- habiter au Québec, 2- parler français, 3- avoir lu un roman de Michel Tremblay, 4- aimer le sirop d'érable et 5- connaître par cœur «Gens du pays». Ces cinq caractéristiques constituent simplement l'ensemble de celles mentionnées dans le sondage.

Vraisemblablement, chaque répondant ne les a pas toutes mentionnées comme définissant sa propre identité québécoise.

À partir de ces données, comment pourra-t-on définir de façon précise et objective l'identité de la collectivité québécoise, ou la «québécité»? On ne peut qu'imaginer une identité à plusieurs échelons, avec un noyau et une périphérie. La première caractéristique, habiter au Québec, fait probablement l'unanimité. La seconde, parler français, risque de poser certains problèmes pour les Québécois anglophones et allophones, et ne fait déjà plus l'unanimité. Les trois autres caractéristiques sont quant à elles sûrement partagées par une minorité de répondants seulement. Voici de quoi aurait l'air notre identité de la collectivité québécoise, de façon schématique:

FIGURE 2

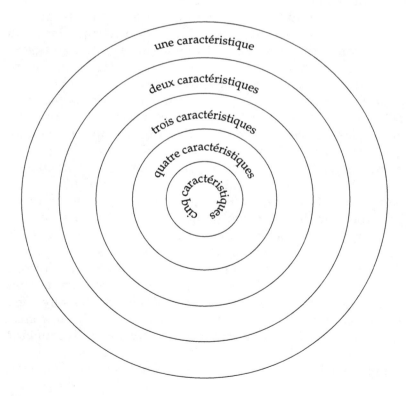

Les individus se situant dans le noyau ont accordé de l'importance, dans leur identification à la collectivité québécoise, à chacune des cinq caractéristiques. Un certain nombre d'individus n'a mentionné que quatre caractéristiques, d'autres trois, et ainsi de suite.

Les questions que l'on doit se poser sont: Qui est Québécois? À partir de quel moment cesse-t-on d'être Québécois pour être simplement un étranger habitant sur le territoire du Québec? Combien de caractéristiques est-il nécessaire de posséder? Lesquelles? La réponse est simple: impossible de le dire, de façon précise et objective.

La démonstration qui précède mettait en jeu seulement cinq caractéristiques. Dans la réalité cependant, il serait impossible de comptabiliser toutes les caractéristiques que l'on peut associer à l'identité québécoise, ce qui rend encore plus évident le caractère subjectif d'une telle définition. Il est à noter encore une fois que ce sont les caractéristiques subjectives qui font problème, celles qui peuvent varier d'un individu à l'autre. Les caractéristiques objectives, celles qui, idéalement, s'imposent à l'individu sans qu'il ait de choix à faire, font généralement l'unanimité. Comme, dans notre exemple, la caractéristique «habiter au Québec».

Cela ne signifie pas pour autant qu'il serait possible de définir objectivement l'identité du groupe en ne tenant compte que des caractéristiques les plus objectives. D'abord, comme c'est le cas pour la plupart des variables utilisées, la différence entre caractéristique objective et caractéristique subjective en est une de degré, non de nature. Aucune caractéristique n'est parfaitement objective ou subjective; certains individus pourront toujours rejeter une caractéristique tout en se réclamant de la collectivité. Ensuite, affirmer qu'être Québécois signifie habiter au Québec ne nous dit strictement rien sur l'identité québécoise. Ce sont aussi les caractéristiques subjectives qui définissent l'identité d'une collectivité, même si elles sont plus controversées.

Il est d'opinion courante que l'existence d'un peuple ou d'une nation est une donnée de base, que les anthropologues possèdent par exemple des critères «scientifiques» pour classifier les différentes ethnies et sociétés qui composent l'humanité — comme on le fait pour les espèces animales — et que le problème de l'hétérogénéité doit être considéré *à l'intérieur* d'un contexte collectif donné, non comme une valeur qui détermine ce contexte. Selon ce point de vue, l'existence de collectivités séparées possédant des frontières permanentes et clairement déterminées est postulée au départ, chacune de ces collectivités se distinguant par un certain nombre de caractéristiques essentielles. Cette identité de la collectivité s'impose alors nécessairement à l'individu qui en fait partie et permet de déterminer s'il est un membre «normal» ou un membre «déviant», au comportement plus ou moins pathologique.

Notre petit sondage nous démontre pourtant tout le contraire: l'identité d'une collectivité trouve son fondement dans l'identité collective de ses membres. Aucun point de vue parfaitement objectif n'existe qui permettrait d'affirmer qu'une caractéristique particulière définit *nécessairement* la collectivité tout entière, alors que seule une partie de ses membres la considère pertinente. Chaque individu étant plus ou moins libre de définir et d'organiser ses identités collectives, aucune identité d'une collectivité ne peut prétendre s'imposer de façon parfaitement homogène au sein de cette collectivité, ni n'est à l'abri d'une possible hétérogénéisation. Comme on l'a vu, plus une caractéristique est subjective, plus elle risque de n'être répandue que de façon partielle au sein du groupe. La définition même de l'identité d'une collectivité ne peut donc être séparée du degré d'hétérogénéité qui la caractérise.

Une des prémisses de la théorie est que les différentes facettes et parties de la réalité humaine comme de la réalité universelle sont interdépendantes. Aucun groupement humain sur cette planète ne possède une origine parfaitement distincte de celle du reste de l'humanité. Ils se sont tous formés à un moment donné, ont évolué, plusieurs ont disparu. Aucune société existante aujourd'hui ne peut prétendre posséder des caractéristiques qui ont toujours été siennes et qui fondent sa distinction de façon absolue. Toutes ces caractéristiques sont donc relatives, contingentes, elles sont apparues à un certain moment, ont évolué et continuent d'évoluer. Non seulement, comme on l'a vu, l'identité d'une collectivité est-elle difficilement définissable, mais une telle définition ne pourrait qu'exprimer une réalité mouvante, impossible à ancrer de façon définitive. Toute tentative de fonder une distinction absolue en se basant sur une caractéristique particulière va donc à l'encontre de cette réalité.

On peut illustrer ce problème par un exemple concret. La société japonaise contemporaine constitue probablement l'une des sociétés les plus homogènes au monde. Les Japonais eux-mêmes se considèrent, en général, comme un peuple «unique», et quiconque séjourne dans ce pays peut constater la distance psychologique remarquable qu'ils imposent entre eux-mêmes et les étrangers. Mais au-delà de toute différence culturelle, c'est une distinction raciale qui semble fonder ce caractère d'unicité. Même des descendants de troisième génération d'immigrants coréens qui présentent une apparence physique pratiquement semblable à celle du Japonais «typique» (autre entité relative!) et qui sont très bien assimilés culturellement, sont toujours considérés comme des étrangers dans ce pays. Les mariages inter-communautaires sont fortement désapprouvés et la discrimination est répandue.

Cette distinction raciale ne peut pourtant être vue comme une caractéristique absolue, dût-elle exister depuis des centaines d'années. La «race» japonaise a, dans un passé relativement peu lointain, une origine commune avec les autres ethnies d'Extrême-Orient et du Pacifique (si l'on exclut le petit groupe des Aïnus de l'île de Hokkaidô, qui est vraisemblablement d'origine caucasienne). Que l'isolement des Japonais dans leurs îles ait duré cinquante ans ou deux millénaires est une affaire de degré, non le fondement d'une différence absolue. Quel que soit le phénomène collectif que l'on observe, on ne peut que constater cette relativité et cette contingence des caractéristiques de la collectivité.

Les pages précédentes nous fournissent le matériel nécessaire à une définition plus élaborée du *mythe*, qui ne se limite pas à une simple croyance en quelque chose de faux. D'autres types de croyances impliquent aussi une non-correspondance avec la réalité.

Le premier problème qui s'est posé dans l'analyse de l'identité d'une collectivité concernait la subjectivité et la partialité des caractéristiques qui la composent. *Faire en sorte que ces réalités subjectives et partielles soient perçues comme des réalités objectives et générales, ou universelles*, implique donc un processus de mythification[1].

De même, *voir dans ces caractéristiques contingentes et relatives des réalités nécessaires et absolues* suppose aussi la création de mythes. Ces mythes évacuent des potentiels qui auraient pu ou pourraient mener à des réalités différentes.

La possible non-correspondance entre la conception de la réalité qu'une personne s'est construite et la réalité objective devient maintenant plus évidente. Les «exigences émotionnelles» mentionnées précédemment, issues de la réalité subjective de l'individu, représentent en fait le besoin de justifier et de protéger la recherche et l'obtention de gratifications psychologiques. Ces exigences émotionnelles pourront inciter l'individu «collectiviste», celui qui valorise fortement son attachement à la collectivité, à mythifier certaines caractéristiques qui fondent l'identité de la collectivité pour les mettre à l'abri d'une éventuelle contestation intellectuelle, ou de toute autre menace, causée par des changements sociaux ou technologiques par exemple, qui risquerait de diminuer leur acceptation au sein du groupe.

Nous verrons plus loin quel rôle joue cette mythification dans la logique du mouvement collectiviste. Pour le moment, ces conclusions permettent de donner un fondement aux positions divergentes qui caractérisent les inévitables débats sur les identités. D'un côté, certains tenteront de définir ce qu'est, par exemple, la «québécité», avec un sentiment parfaitement justifié qu'une telle chose existe. Cependant, toute tentative de la définir ne peut qu'échouer lamentablement, les caractéristiques qui la composent étant, comme on l'a vu, nécessaire-

---

1. Par opposition à la mystification, la mythification n'a pas forcément un caractère conscient, intentionnel.

ment subjectives, partielles, relatives et contingentes. D'un autre côté, un discours qui se veut plus rationaliste pourra affirmer qu'une identité basée sur des caractéristiques aussi floues et instables n'existe pas. Mais ce discours ne pourra jamais convaincre ceux qui «ressentent» cette distinction même sans être capables de la définir autrement que de façon maladroite. (Le débat qu'avait suscité Lise Bissonnette dans *Le Devoir* en 1982, au sujet d'une «spécificité québécoise» qui se limiterait à l'usage du français et qui ferait des Québécois de simples Américains francophones, est tout à fait typique de ce genre de malentendu.)

On peut aussi comprendre pourquoi certains individus peuvent prétendre, comme durant la campagne référendaire de 1980, être de «vrais» Québécois, et considérer les anglophones et les allophones, ou même des francophones fédéralistes, comme «les autres». Il ne s'agit pas ici de justifier ou de condamner une telle attitude, simplement de comprendre sur quelle forme de raisonnement elle s'appuie. On peut supposer que plus un individu accorde de l'importance, dans son identité personnelle, aux caractéristiques qu'il associe au groupe ainsi qu'aux GPc correspondantes, plus il aura tendance à faire une distinction entre l'intérieur et l'extérieur, entre le compatriote et l'étranger. Puisque dans tout groupe il se trouve des individus à un extrême et à un autre (dans notre schéma de l'identité de la collectivité, au centre et à la périphérie), on peut s'attendre à ce que ce genre de comportement exclusionniste apparaisse partout où l'on cherche à imposer un modèle collectif particulier («vrai» communiste, «vraie» femme, «vrai» punk, etc.).

Les derniers concepts qu'il reste à expliquer dans le schéma général sont les *biens* et les *intérêts*. Nous avons vu que les gratifications psychologiques, GPi et GPc, sont des «sensations» éprouvées par l'individu. Pour être produites, ces sensations doivent pourtant avoir un support dans la réalité, elles doivent être causées pas quelque chose. *Les biens individuels et collectifs sont donc tout objet, situation, moyen, événement ou autre phénomène directement source de gratifications pour l'individu.*

Ce qui distingue les biens individuels des biens collectifs n'est pas, comme pourrait le laisser croire la disposition des concepts dans le schéma, le fait que les biens individuels sont générateurs de GPi et les biens collectifs générateurs de GPc. La distinction réside plutôt dans la façon dont le bien est «consommé». *Le bien individuel est généralement disponible à la consommation pour un seul individu.* Il peut l'être pour plusieurs mais ceci n'affecte pas la manière dont il est consommé par un seul individu. Il peut donc générer des GPc aussi bien que des GPi.

Par contre, *le bien collectif est, lui, indivisible; il doit être disponible à la consommation pour tous les membres de la collectivité ou, dans certains cas, pour une proportion significative, lorsqu'il est source de gratifications.* Un individu ne peut bénéficier seul d'un bien collectif, comme par exemple la pureté de l'air. Si cet air est pur, il l'est pour tous; s'il est pollué, il l'est pour tous aussi. Comme dans le cas précédent, le bien collectif peut générer des gratifications de type individuel aussi bien que des gratifications découlant d'un sentiment d'appartenance à une collectivité.

Quelques exemples simples aideront à mieux visualiser ces concepts. D'abord de biens individuels générateurs de GPi: un repas fortifiant pour l'individu qui le consomme; une maison pour qui la possède. Les expériences esthétiques étant considérées comme des GPc (parce qu'elles «mettent en forme» la réalité vécue des membres d'une collectivité), le même repas, en tant que bien individuel, pourra être source de GPc s'il s'agit d'un «plat national» très apprécié, et la même maison pourra elle aussi procurer des GPc, par exemple, si elle est caractérisée par un style typique d'une région ou d'une culture à laquelle l'individu s'identifie.

Le bien collectif «culture florissante» sera source de GPc pour les membres d'une société donnée, tout comme la loi interdisant la persécution religieuse pour des individus pratiquant une religion minoritaire (si l'on considère cette religion comme une caractéristique collective et non seulement comme une affaire privée). Une autre loi garantissant la liberté d'entreprise sera génératrice de GPi pour les individus entrepreneurs, de même que la propreté d'un endroit public pour ceux qui s'y trouvent (la propreté de l'endroit étant le bien collectif, le sentiment de bien-être éprouvé en constatant cette propreté étant la gratification de type individuel).

Les *intérêts* diffèrent légèrement des biens dans leur façon d'apporter des gratifications. Il s'agit encore d'objets, de situations, de moyens ou d'événements mais contrairement aux biens, qui sont directement générateurs de gratifications, *les intérêts reflètent les rapports qui existent entre l'individu — dans le cas des intérêts individuels — ou le groupe — dans le cas des intérêts collectifs — et son environnement, et ne contribuent qu'indirectement à l'acquisition de gratifications.*

Chaque individu et chaque groupe évoluent dans un contexte qui les influence, les limite, les menace ou les enrichit. *Les intérêts sont donc les phénomènes qui, dans cet environnement extérieur à l'individu ou au groupe, peuvent influencer l'acquisition de gratifications de façon indirecte par les effets qu'ils sont susceptibles d'avoir sur les biens.*

On parle, par exemple, des intérêts stratégiques des États-Unis dans le golfe Persique. Cette situation en elle-même n'est pas source de gratifications, mais elle existe parce que les Américains cherchent à obtenir certains biens collectifs (sécurité militaire, approvisionnement en pétrole assuré) qui dépendent de cet environnement extérieur qu'est le golfe Persique. L'importance de cette région provient des effets que peuvent avoir les événements qui s'y produisent sur des biens collectifs considérés comme essentiels au bien-être de la collectivité américaine.

On parlera de la même façon des intérêts politiques du Québec à Ottawa, ou des intérêts économiques du Japon en Asie. Les fameux intérêts économiques, individuels ou collectifs, entrent donc dans cette catégorie. L'argent est un instrument qui sert à déterminer les termes d'échange entre l'individu et son environnement, il n'est source d'aucune gratification en lui-même (sauf pour les cupides!); ce qui compte est sa valeur, les moyens pour l'obtenir, les situations qui peuvent influencer sa disponibilité future. Tout cela constitue des intérêts économiques. À partir du moment où l'argent a

servi à acheter quelque chose, l'individu possède un bien co-
mestible, directement générateur de gratifications. On cherchera donc non pas à «obtenir» ou à «produire» des intérêts,
comme on obtient ou on produit des biens, mais plutôt à les
«favoriser» ou à les «protéger[2]».

Tous les éléments du schéma sont maintenant identifiés
et définis. Le chapitre qui suit introduira la théorie générale.

---

2. On peut voir pourquoi les théories qui réduisent tout phénomène politique ou social à une lutte pour avancer ses intérêts économiques ne peuvent offrir qu'une vision simplifiée et simpliste de la réalité. À quoi servent
donc ces intérêts économiques? Comment les individus disposent-ils de
leur pouvoir économique? Est-ce pour obtenir des biens matériels, culturels, pour passer l'hiver en Floride, pour financer des partis politiques ou
des œuvres de charité? Peut-on prétendre que tous accordent la même importance aux intérêts économiques ainsi qu'aux biens et aux gratifications
qui s'acquièrent avec de l'argent? Qui plus est, parce qu'elles mettent généralement l'accent sur le côté strictement rationnel de la lutte pour les intérêts économiques, ces théories ont tendance à évacuer, parce que non
pertinent, tout ce qui se rapporte aux émotions, désirs, ou phénomènes
d'identification collective. Étrange rationalisme que celui qui évacue de son
champ d'investigation tout ce qui n'est pas purement rationnel.

CHAPITRE II

Théorie de l'action collective

Le schéma développé dans le premier chapitre présente de l'individu l'image suivante: la position où il se situe par rapport à la réalité objective (compréhension et contrôle), de même que les caractéristiques collectives qui lui sont transmises lors d'un processus de socialisation ou qu'il acquiert lors de contacts sociaux ultérieurs, influencent la façon dont il se définit comme individu et comme membre de différents groupes (ses identités collectives). Cela l'amène à rechercher divers types de gratifications psychologiques (GPi et GPc) qui correspondent à son identité personnelle ainsi définie. Ces gratifications peuvent varier de deux façons: GPi versus GPc, mais aussi GPc à différents niveaux selon l'identité collective concernée.

L'individu cherche donc à «éprouver» ces gratifications psychologiques en essayant d'obtenir ou de produire les biens, individuels et collectifs, qui peuvent les générer. Il tente de la même façon de favoriser ou de protéger les intérêts, individuels et collectifs, déterminés par la situation où il se trouve par rapport à son environnement, ou par rapport à l'environnement des groupes auxquels il appartient. Pour expliquer et justifier son comportement et les différentes facettes de sa réalité subjective, l'individu se construit certaines croyances qui composent sa conception de la réalité. Ces croyances ne reflètent pas nécessairement de façon exacte la réalité objective, ce qui implique l'existence de mythes.

Les individus partageant à un niveau donné un nombre de caractéristiques plus ou moins semblables auront tendance à s'unir, à se constituer en *mouvement collectiviste*, de façon à protéger et à promouvoir l'identité de la collectivité qu'ils forment. *Ils chercheront à produire ou à obtenir les biens collectifs qui seront source de GPc correspondant à cette identité, de même qu'à protéger et à favoriser leurs intérêts collectifs en tant que groupe, selon une logique spécifique d'action collective.* C'est à cette logique d'action collective que se consacrent les pages qui suivent.

Dans le cas qui nous occupe plus particulièrement, celui des mouvements nationalistes, les biens collectifs à produire concerneront principalement une autonomie élargie au niveau politique, une prise en charge des pouvoirs économiques, la promotion d'une langue ou d'autres caractéristiques valorisées par les nationalistes. Ces buts généraux prennent la forme d'objectifs concrets, tels l'élection d'un certain nombre de députés nationalistes, la victoire lors d'un référendum, le passage d'une loi linguistique. Le mouvement devra alors *se mobiliser* pour atteindre ces objectifs. Il s'agit de susciter en son sein la force politique nécessaire à la production du bien collectif, en intégrant au mouvement les individus qui n'en font pas partie et en augmentant le niveau de contribution à l'action collective de ceux qui en font déjà partie.

Dans un régime démocratique où le recours à la force et à la corruption est théoriquement exclu pour amener un citoyen à appuyer certains projets politiques, la principale façon de le faire reste bien sûr de le convaincre. Le mouvement devra donc développer un ensemble cohérent d'arguments justifiant l'importance de l'identité qu'il privilégie et la nécessité des objectifs qu'il défend, soit une idéologie.

De même que l'identité de la collectivité est formée, conceptuellement, des identités collectives de chacun des membres du groupe, l'idéologie pourrait être définie comme l'ensemble des conceptions du monde des individus appartenant au mouvement. La conception du monde devient idéologie lorsque l'individu s'intègre dans la logique d'organisation du mouvement collectiviste. Elle prend alors un aspect *dynamique*, en ce sens qu'elle ne présente plus simplement une justification et un projet qui s'adressent à lui personnellement, mais devient aussi un *discours* qui s'insère dans la stratégie de l'action collective, qui vise donc concrètement à augmenter la solidarité du groupe, à motiver ses membres, à conscientiser les non-membres, etc. Le discours idéologique du mouvement, loin d'être, comme certains le prétendent, simplement une façade dissimulant les «véritables» motifs, pourra au contraire nous apprendre beaucoup sur la nature des gratifications recherchées par ses membres.

On peut supposer qu'un niveau de contribution positif impliquera au moins un vote, lors d'élections, en faveur d'un parti nationaliste. Des niveaux plus élevés se concrétiseront par un appui financier plus ou moins important, le fait de devenir membre, ou un engagement militant plus ou moins grand dans l'organisation du mouvement. Si l'on considère que cette contribution implique des coûts pour l'individu (monétaires, physiques, psychologiques, temps qui aurait pu être utilisé autrement, etc.) on constate que le militant est prêt à faire une sorte d'«investissement» dans le but d'obtenir un bien collectif qu'il convoite. Qu'est-ce donc qui poussera cet individu à vouloir investir dans une telle entreprise?

C'est le schéma général qui nous indiquera les principales variables qui influenceront ce niveau de contribution (NIV). L'individu peut être motivé de deux façons à obtenir un bien collectif. D'abord, le bien collectif est généralement source de GPc. Le premier type de motivation, la *motivation collectiviste* (MOTIVc), a donc trait au *désir d'obtenir les GPc correspondant à l'identité collective concernée*. Cette première variable est sans doute la plus importante dans le cas des mouvements collectivistes.

Le second type de motivation, on l'aura deviné, est la *motivation individualiste* (MOTIVi). Celle-ci se rapporte bien sûr au *désir d'obtenir les GPi associés à la production du bien collectif*. Il n'est toutefois pas évident que la production du bien collectif sera *directement* source de GPi pour l'individu. Il est plus vraisemblable que celui-ci anticipe plutôt des effets positifs sur ses biens et intérêts individuels. *La motivation individualiste découlera donc également du désir d'obtenir des biens individuels, ou de favoriser des intérêts individuels, par la production du bien collectif.*

Ce sont d'abord ces deux variables que le discours idéologique tentera d'influencer dans le but d'augmenter la contribution du militant. Une variable résiduaire, les *autres facteurs* (AF), tient compte des questions qui, sans être directement liées au désir d'obtenir le bien, n'en influencent pas moins l'attitude à prendre par rapport à celui-ci. C'est particulièrement le cas lorsqu'un parti nationaliste doit aussi prendre position sur de nombreux autres sujets d'intérêt général (avoir une politique économique ou une position sur l'avortement par exemple) s'il aspire à former un gouvernement.

L'action collective implique une certaine contradiction entre une implication individuelle (et donc des coûts individuels) et la nécessité d'agir en groupe. En d'autres termes, la contribution d'un membre ne risque-t-elle pas d'être gaspillée, superflue, ou sans impact? L'évaluation par celui-ci de l'*utilité de sa participation* (UTIL) aura aussi une influence sur le niveau de sa contribution.

Les deux derniers facteurs présentent une relative indépendance par rapport aux quatre premiers. Ces facteurs ne sont pas directement liés au désir de produire le bien collectif, mais plutôt à la capacité du mouvement d'inciter directement un individu à augmenter sa contribution. Des *incitatifs* (INC) offerts à des militants, comme par exemple les salaires des cadres du parti ou simplement les bénéfices affectifs ou sociaux d'une participation à une organisation locale, pourront amener ces militants à s'impliquer davantage sans avoir l'impression d'augmenter les coûts de leur contribution. Une possible *pression coercitive* (COE), théoriquement exclue dans un régime démocratique mais tout de même présente dans certains milieux (les organisations syndicales notamment), peut elle aussi amener des membres du groupe à contribuer davantage sans que leur opinion à l'égard du bien collectif ait été modifiée[1].

Les variables mentionnées jusqu'ici permettent de construire la relation suivante:

$$NIV= f [(MOTIVc + MOTIVi + AF) UTIL + INC + COE]$$

Le niveau de contribution est une fonction de la valeur de ces variables: plus leur somme sera positive, plus la contribution sera importante, alors qu'une somme négative implique évidemment une opposition. Elles seront analysées une à une dans les pages qui suivent.

Motivation collectiviste (MOTIVc)

La motivation à agir est par définition basée sur un besoin ou un désir, *une inadéquation entre une situation idéale et une situation réelle.* On est généralement peu motivé à chercher à obtenir quelque chose qui n'a qu'une valeur légèrement supérieure à ce que l'on possède déjà; on est par contre plus motivé lorsque le but à atteindre est très désirable par rapport à ce qui existe, lorsque l'inadéquation entre idéal et réalité est plus grande. Cette constatation sert de fondement à l'analyse des facteurs de motivation. *En cherchant à motiver les membres du mouvement, le discours idéologique visera à augmenter chez eux le désir d'obtenir le bien collectif — l'idéal — tout en peignant la réalité actuelle de façon négative.*

Concentrons-nous d'abord sur la première partie de cette proposition, celle qui concerne l'idéal à atteindre. Un individu désire la production d'un bien collectif parce que celui-ci est générateur de GPc. Les GPc elles-mêmes sont désirées

---

1. Ces deux variables sont plus généralement connues, dans des termes moins formels, comme la «carotte» et le «bâton». La fameuse *Rational Choice Theory,* qui fait fureur depuis nombre d'années dans les départements de science politique d'Amérique du Nord, se limite à peu près à ces deux concepts pour expliquer l'action collective.

parce que l'individu s'identifie à une collectivité dont les membres possèdent certaines caractéristiques communes. Ces caractéristiques, qui composent l'identité de la collectivité, sont cependant nécessairement partielles, subjectives, relatives et contingentes, comme on l'a vu précédemment. Cette vulnérabilité apparente de l'identité de la collectivité pointe vers l'un des principaux moyens dont on usera à travers le discours idéologique pour justifier et augmenter le désir d'obtenir le bien collectif: *la mythification de l'identité de la collectivité*. Examinons une à une ces quatre propriétés pour voir comment l'idéologie arrive à les transformer.

Caractère partiel: Le mouvement cherchera à faire croire que certaines caractéristiques du groupe, partagées par une partie de ses membres seulement, sont en fait des caractéristiques universelles, et donc essentielles, de cette identité (comme, par exemple, l'idée que l'identité de la collectivité québécoise est entièrement définie par l'utilisation du français, alors que seulement 84 p. 100 de la population québécoise utilise cette langue). Dans ce contexte, *toute* la collectivité est définie par ces caractéristiques, et *chaque* individu qui en fait partie doit donc les accepter pour être considéré comme membre à part entière.

En accédant à ce statut d'universalité dans le discours officiel — en supposant que ce point de vue reçoive un appui majoritaire au sein du groupe —, ces caractéristiques acquièrent une légitimité qui les met à l'abri de toute contestation, ce qui facilite par ailleurs leur propagation réelle chez tous les membres de la collectivité. Les membres «déviants» ont alors tendance, sous la pression collective, soit à quitter le groupe parce qu'ils considèrent ne plus en faire partie, soit à se conformer. Ainsi, paradoxalement, la mythification d'une caractéristique partielle fait en sorte que, lorsque cette caractéristique devient effectivement générale ou universelle, au sein du groupe, la non-correspondance entre le discours idéologique et la réalité disparaît. Le discours idéologique, par son caractère dynamique, aide à transformer la réalité pour qu'elle corresponde au mythe.

Subjectivité: Ce problème est directement lié au premier. Si certaines caractéristiques ne sont que partielles, c'est que chaque individu est libre jusqu'à un certain point de les adopter ou non. En cherchant à généraliser ces caractéristiques, on s'emploie parallèlement à diminuer leur caractère subjectif, ainsi que la liberté de choix des individus, de façon à mettre de l'avant une définition «objective» de la collectivité. Le mouvement dénoncera ainsi les «traîtres», «étrangers» ou «assimilés» (à un autre groupe) qui refusent de s'intégrer convenablement à la collectivité et d'en partager toutes les caractéristiques telles que le discours idéologique les définit; il tentera, au moyen de campagnes d'information et de «sensibilisation», de faire augmenter l'attachement émotif et le sentiment d'identification à ces caractéristiques chez les membres du groupe; en bref, il cherchera à faire en sorte que les individus qui se considèrent membres du groupe ne puissent plus remettre en question le caractère objectif — déterminé par le contexte dans lequel ils se trouvent plutôt que par leur choix — de ces caractéristiques.

Si l'on se reporte au schéma sur l'identité de la collectivité, on constate que cette évolution équivaut à pousser les membres se situant à la périphérie vers le centre ou vers l'extérieur. C'est la limite floue entre l'intérieur et l'extérieur qui est menaçante et l'objectivation des caractéristiques collectives fait en sorte de clarifier cette limite. À partir de ce moment, il n'existe que les «vrais» membres du groupe et «les autres».

Relativité: Est relatif ce qui implique un rapport, un lien avec quelque chose d'externe qui situe un objet ou un phénomène dans un contexte plus large. Admettre que l'existence du groupe est comparable et est due en partie à des développements qui lui sont extérieurs, que son Histoire n'est qu'une histoire parmi d'autres, signifie de fait que l'on relativise son identité et, en un certain sens, qu'on en diminue l'importance.

Une grande partie du discours idéologique visera à nier ce caractère relatif, à créer des mythes d'origine, de fondation, pour mettre l'événement même de la naissance du groupe sur une sorte de piédestal sacré. Les héros, les événements historiques où le groupe s'est pris en charge et a fait preuve de cohérence interne face à l'ennemi ou à l'étranger, seront donnés en exemple (le travail des «historiens» nationalistes, communistes, religieux ou autres est en bonne partie consacré à exagérer l'importance de ces faits historiques). On donnera aussi un caractère sacré, intouchable, aux chartes, constitutions et autres documents historiques qui fondent la distinction du groupe par rapport à ce qui lui est extérieur. Plus le discours idéologique réussira à établir le sentiment d'une distinction profonde du groupe dans de multiples domaines, moins les membres du groupe auront tendance à remettre en question leur appartenance à celui-ci.

Encore une fois, si ce discours parvient à s'imposer, le phénomène collectif perd son caractère relatif pour devenir le résultat d'un processus absolu qui ne dépend plus de circonstances particulières mais plutôt du «destin national», des lois dialectiques de l'Histoire, de la volonté unique des membres du groupe ou de Dieu, etc.

Contingence: Cet attribut est lui aussi lié au précédent, en ce sens que si l'existence du groupe tel qu'il est procède en partie de développements particuliers, de hasards, de circonstances incontrôlables ou d'événements externes, ceux-ci auraient pu se produire ou non, ce qui aurait modifié le cours de l'histoire. Le mouvement collectiviste cherchera donc à réduire dans la mesure du possible la perception que l'existence du groupe soit ainsi dépendante de données contingentes, d'événements qui auraient pu tourner autrement. Il transformera l'histoire du groupe en une suite de développements nécessaires (exemple typique: la prétention du marxisme à exprimer un développement historique «scientifique» et inéluctable). Le but est toujours de mettre l'existence du groupe et les biens collectifs qu'il recherche à l'abri de toute contestation intellectuelle.

Outre la mythification de ces quatre caractéristiques de l'identité de la collectivité, une autre façon conventionnelle d'augmenter la motivation collectiviste est d'exacerber l'inévitable fierté collective. La poésie, genre par excellence pour susciter les émotions, n'est jamais totalement absente de ce genre de discours. Les militants auront recours aux slogans et cris de ralliement évoquant cette fierté et cette solidarité («Le Québec aux Québécois!», etc.). Des symboles de toutes espèces seront mis en évidence: drapeaux, bannières, macarons, sigles, collants, chapeaux, couleurs et autres signes spécifiques serviront à exprimer symboliquement les appartenances et à distinguer les membres des non-membres. Les cérémonies d'allégeance au drapeau, les défilés et les hymnes nationaux n'ont d'autre but que de susciter, dans une atmosphère où transpire le «sacré», des émotions correspondant au sentiment d'appartenance à la collectivité.

Le mouvement cherchera peut-être aussi à créer l'unité en édifiant un culte à une figure centrale, un leader auquel les membres du groupe pourront s'identifier et qui personnifiera la collectivité tout entière. De l'empereur du Japon, «père de la grande famille japonaise», à Staline, «petit père des peuples», on retrouvera souvent cette figure paternelle et mythique dans la symbolique des mouvements collectivistes. Plus près de nous, le «père-fondateur» du Parti québécois, René Lévesque, était dessiné, au lendemain de son décès, par le caricaturiste Girerd en papa guidant les premiers pas d'un enfant symbolisant le Québec.

Tous les éléments mentionnés jusqu'ici, en visant à légitimer les caractéristiques de l'identité de la collectivité, à augmenter l'importance de cette identité collective chez les membres et, du même coup, le sentiment d'appartenance au groupe et le désir d'obtenir les GPc correspondantes, provoquent une augmentation de la motivation collectiviste à produire le bien collectif. Ces éléments ne concernent toutefois que la valorisation de la situation idéale à atteindre. Le discours idéologique doit aussi dévaloriser la situation réelle, actuelle, du groupe pour provoquer l'inadéquation qui entraîne la motivation à agir. En contraste avec le caractère positif et enthousiaste de la partie précédente, cet aspect du discours revêt des accents particulièrement négatifs, voire misérabilistes. Le groupe sera alors décrit comme menacé, opprimé, exploité, en voie de disparition. En mythifiant toujours plus les caractéristiques du groupe, on peut aussi faire monter les enchères en «créant» des situations non idéales.

C'est ici qu'un autre personnage mythique, le méchant «Autre», entre en scène. L'Autre sert de repoussoir lorsqu'on cherche à consolider les caractéristiques du Nous. Mais il est encore plus utile au mouvement collectiviste lorsqu'on peut l'identifier comme la cause des malheurs actuels du groupe, comme le responsable de cette inadéquation entre situation idéale et situation réelle. Les exemples abondent: les Anglais, le capitalisme impérialiste, le Satan américain et l'Empire du Mal soviétique, les Juifs, les bourgeois, l'infidèle, l'hérétique, le patriarcat, les hétérosexistes, etc. Figure universelle, cet Autre existe nécessairement comme contrepoids symbolique au Nous et devient l'une des sources les plus effectives de motivation collectiviste dans ce rôle actif de repoussoir. Cette image négative de l'Autre est cependant, on s'en doute, en bonne partie mythifiée, quelle que soit la responsabilité réelle de ceux auxquels elle réfère dans la situation actuelle de la collectivité.

Ce que l'on considère comme un bon discours lors d'une assemblée politique ou d'une manifestation inclura habituellement la plupart des facteurs mentionnés jusqu'ici: justification des objectifs, évocation poétique d'éléments auxquels les membres du mouvement s'identifient, appel à la fierté collective, dénonciation de la situation négative provoquée par l'Autre, etc.

La nécessité pour le mouvement collectiviste de mettre l'accent, dans son discours idéologique, aussi bien sur un côté idéal positif que sur un côté réel négatif est à l'origine d'une apparente contradiction souvent remarquée. Il peut en effet sembler paradoxal d'évoquer du même souffle la grandeur du peuple et son état de soumission et d'oppression. Le paradoxe se dissout lorsqu'on distingue les deux processus mentionnés ici.

Dans la logique de l'idéologie collectiviste, le présent dénigré cohabite, sur l'échelle du temps, avec un passé mythique (paradis perdu, âge d'or, intégrité nationale d'avant la conquête anglaise, communisme originel, société antique matriarcale, etc.) et un futur qui réinstaurera cette situation idéale (après le «grand soir» de la révolution ou de l'indépendance…).

On peut comprendre pourquoi, dans la logique d'une action collective radicale, le réformisme constitue une menace pour la révolution. En améliorant graduellement la situation réelle, les évolutions réformistes provoquent une diminution du sentiment d'aliénation à la base de la motivation, et donc des chances d'atteindre un objectif plus ambitieux. Pour cette raison, le discours idéologique radical aura tendance à condamner les réformes, même si elles vont dans la bonne direction, en les qualifiant plutôt de demi-mesures et de concessions. C'est aussi pourquoi certains militants se réjouiront d'un revers ou d'une humiliation subis par la collectivité qu'ils défendent, puisque ceci est susceptible d'augmenter le sentiment d'aliénation (l'inadéquation entre idéal et réalité) et, conséquemment, la motivation collectiviste à agir.

Le sentiment d'impuissance à provoquer la «conscientisation des masses» chez certains militants fortement motivés peut par ailleurs les pousser non seulement à souhaiter la pratique d'une «politique du pire» mais aussi à commettre des actions d'éclat (occupations, bannière sur la croix du Mont-Royal, vandalisme, ou même actions terroristes) pour dramatiser la situation et s'assurer de faire passer leur message. Durant la Crise d'octobre, l'une des principales exigences des felquistes fut la lecture à la télé de leur manifeste, truffé de dénonciations des boss, des politiciens et des Anglais exploitant le pauvre monde.

Motivation individualiste (MOTIVi)

Tout comme la motivation collectiviste, la motivation individualiste se fonde sur des gratifications anticipées, sur une inadéquation entre situation idéale et situation réelle. Dans ce cas, l'individu est motivé à contribuer à la production du bien collectif non pas pour obtenir des GPc mais pour améliorer son sort individuel. L'accession à l'indépendance politique, des réformes constitutionnelles ou le passage de législations linguistiques peuvent avoir des conséquences économiques, positives ou négatives, pour les membres de la collectivité. On peut, bien sûr, considérer le bien-être économique du groupe comme une gratification correspondant à un sentiment d'appartenance (c'est le cas pour les militants socialistes et communistes qui mettent de l'avant une «identité ouvrière»). En général cependant, le bien-être économique est considéré par l'individu sous l'angle de ses seuls intérêts individuels.

Par exemple, si l'obtention par la collectivité d'un statut d'indépendance politique est vue comme étant susceptible d'avoir des effets économiques positifs, la personne s'attendra à obtenir des GPi additionnelles et sa motivation individualiste à produire le bien collectif augmentera. Dans ce cas, la motivation individualiste viendra simplement renforcer la motivation collectiviste dans sa participation à l'action collective[2].

L'évaluation des conséquences économiques fait cependant rarement l'unanimité et un autre individu pourra considérer que la production du bien collectif aura des effets négatifs sur ses intérêts individuels. Si celui-ci est motivé positivement à contribuer au mouvement pour obtenir des GPc (motivation collectiviste positive), tout en étant motivé négativement par crainte de perdre des GPi (motivation individualiste négative),

---

2. Un seul mouvement politique peut prétendre tirer profit principalement de la motivation individualiste de ses membres dans sa poursuite de biens collectifs, celui représenté par le libéralisme classique. Hormis une possible «identité humaine», les libéraux ne défendent pas l'identité d'une collectivité et ne cherchent pas à obtenir des GPc. Ils s'opposent aux aspects collectivistes de leur société et les biens collectifs qu'ils cherchent à produire ont d'abord pour but l'acquisition de GPi et l'avancement de leurs intérêts individuels comme, parmi les exemples mentionnés au chapitre précédent, une loi protégeant la libre entreprise.

Les libéraux ne forment pas, en ce sens, un mouvement collectiviste, puisque ce ne sont pas des caractéristiques communes fondant une identité collective qui les unissent mais bien des intérêts communs source de GPi. Le libéralisme constitue de ce fait une menace pour les identités collectives et les idéologies collectivistes, en leur opposant une recherche individuelle de gratifications de nature généralement matérialiste. Dans les cas où nous sommes en présence d'un mouvement purement libéral, qui ne défend aucune identité collective, il serait plus juste de parler de «mouvement collectif» plutôt que de mouvement collectiviste.

il devra faire un choix. Quelles gratifications valorise-t-il de façon prioritaire, les GPc d'ordre culturel et éthique, ou les GPi d'ordre économique qui assurent sa sécurité individuelle? S'il valorise les premières (MOTIVc positive > MOTIVi négative), la somme des deux types de motivation sera positive et l'individu contribuera à l'action collective. S'il valorise les secondes, au contraire (MOTIVc positive < MOTIVi négative), cette somme sera négative et l'individu cherchera plutôt à s'opposer à la production du bien. Ce dilemme est particulièrement déterminant dans une société moderne où les identités collectives et les GPc diminuent en importance relativement aux GPi et aux valeurs matérialistes et individualistes.

La situation contraire est aussi théoriquement possible. Un citoyen qui n'est pas particulièrement concerné par l'obtention de GPc, ou même qui est motivé négativement à ce niveau parce qu'il s'identifie à une collectivité alternative, pourra tout de même contribuer à l'action collective s'il valorise d'abord les GPi qu'il croit pouvoir obtenir par la production du bien collectif (par exemple, un commerçant s'identifiant comme Canadien qui, pour une raison quelconque, prévoit faire fortune dans un Québec indépendant, ou un résidant lituanien d'origine russe qui soutient l'indépendance de la Lituanie pour échapper à l'effondrement économique qui sévit en Russie).

Le mouvement tentera de convaincre les membres de la collectivité que la production du bien collectif, en plus d'être bénéfique sur le plan de l'obtention de GPc, le sera aussi en ce qui concerne les GPi et les intérêts individuels. C'est tout le problème de la crédibilité économique des mouvements nationalistes qui est évoqué ici, problème central dans le cas du nationalisme québécois. (Nous y reviendrons au chapitre neuf).

Autres facteurs (AF)

Certains mouvements collectivistes tendent à limiter leur action au domaine précis qui les concerne. D'autres, et en particulier les mouvements nationalistes, peuvent difficilement éviter les questions qui ne touchent pas directement le bien collectif à produire mais qui ont tout de même une influence sur l'attitude que les membres de la collectivité prendront à son égard. Ainsi, un parti nationaliste dont le but premier est de produire le bien collectif «indépendance» ou «réforme constitutionnelle», doit aussi, s'il aspire à former un gouvernement, avoir une politique économique, sociale, étrangère et mettre de l'avant un certain point de vue sur les sujets d'intérêt public. S'il participe au gouvernement, ses décisions sur ces sujets auront certainement un impact sur l'attitude des membres de la collectivité à son égard.

Tous ces *autres facteurs* peuvent influencer positivement ou négativement un individu qui, par ailleurs, possède une opinion arrêtée sur les GPc et GPi qu'il croit pouvoir obtenir par la production du bien collectif. Des scandales impliquant des membres du parti, une opinion personnelle négative du candidat indépendantiste local, ou d'autres facteurs similaires peuvent avoir le même effet. Dans certains cas, ces influences additionnelles peuvent être déterminantes pour le succès ou l'échec d'un mouvement. Il est toutefois impossible d'en dire plus sur ces autres facteurs puisqu'ils sont particuliers à une situation historique donnée. C'est donc uniquement dans ce contexte que l'on pourra en tenir compte.

Utilité d'une participation à l'action collective (UTIL)

L'évaluation de l'utilité de la participation est la variable où s'exprime le dilemme d'une participation individuelle à une action collective. Une action collective ne peut être fondée, de toute évidence, que sur l'addition d'un certain nombre de contributions individuelles. L'individu membre du mouvement, s'il est rationnel — c'est-à-dire s'il sait évaluer à son avantage les coûts et bénéfices d'un niveau donné de contribution —, doit toutefois veiller à ce que sa participation ait une certaine utilité dans le déroulement de l'action collective. Dans le cas contraire, les sacrifices qu'il a encourus au niveau individuel (coûts monétaires, physiques, psychologiques, en termes de temps perdu, etc.) dans le but d'augmenter ses chances d'obtenir le bien collectif désiré auront été faits sans justification.

S'il est, au départ, motivé à contribuer à l'action collective pour les raisons que nous venons de voir, l'individu sera prêt à «investir», en termes de coûts individuels, dans le but d'obtenir le bien collectif (la production de ce dernier n'étant jamais tout à fait certaine). On peut considérer ces coûts individuels comme des GPc et des GPi de différents types que l'individu voudra investir en espérant ainsi augmenter ses chances d'obtenir les GPc et des GPi d'autres types qu'il anticipe par la production du bien collectif.

Le militant qui se retrouve au sein d'un mouvement de centaines, milliers ou dizaines de milliers de participants peut, à juste titre, se demander si sa petite contribution (quelques dollars, quelques heures consacrées à une manifestation, la distribution de tracts, etc.), infime par rapport aux besoins totaux du mouvement, aura un quelconque impact sur le déroulement de l'action collective. Il est probable que l'évaluation de son efficacité individuelle (par rapport à l'efficacité totale de tous les membres) sera, au mieux, fort modeste. Des milliers de citoyens considèrent néanmoins que l'influence qu'ils peuvent exercer n'est pas tout à fait nulle, comme la réalité des mouvements collectivistes l'indique.

Le militant aura donc tendance à augmenter son niveau de participation s'il considère que son efficacité individuelle est élevée, et à la diminuer s'il croit qu'elle est minime. Même un sympathisant désirant fortement la production du bien collectif n'aura aucune raison de participer s'il se sent parfaitement impuissant à augmenter si peu que ce soit les chances de réussite de l'action collective. Une partie plus ou moins importante de la population ne prend ainsi même pas la peine de voter, considérant qu'il s'agit d'un geste inutile.

Le discours idéologique du mouvement cherchera évidemment à influencer cette évaluation dans un sens qui lui est bénéfique. On s'emploiera à convaincre les membres que chaque petite action individuelle est importante, que chacun tient une part de responsabilité dans le succès ou l'échec de l'action collective. Le discours des animateurs de téléthons est un bon exemple de cette tentative de «manipuler» l'évaluation que font les téléspectateurs de leur influence individuelle. Pendant des heures, on répète inlassablement que chaque don, aussi minime soit-il, sera utile à quelque chose et accepté avec empressement. C'est parce que cette conviction existe chez des milliers de téléspectateurs que l'action collective «ramasser un million de dollars» peut être menée à bien.

Un autre facteur, l'évaluation de la force du mouvement, permet lui aussi au militant de déterminer l'utilité de sa participation et le niveau de sa contribution à l'action collective.

Le combat du mouvement visant à produire un bien collectif donné peut se voir comme une tentative d'accumuler une quantité suffisante de «force politique» pour atteindre ce but. À un extrême, si la force du mouvement est considérée comme très minime ou pratiquement nulle par rapport à la force nécessaire pour produire le bien, une contribution individuelle risque de n'y rien changer et d'être gaspillée. L'individu rationnel pensera que sa participation est inutile, c'est-à-dire que les coûts qu'elle entraîne sont trop élevés comparés à l'augmentation correspondante des chances d'obtenir le bien collectif. Il la diminuera ou l'éliminera totalement.

À l'autre extrême, lorsque le mouvement est très puissant et le succès de l'action collective pratiquement assuré, la participation du militant risque d'être superflue et donc de produire des coûts qui pourraient être évités. Dans ce cas, l'individu rationnel devient resquilleur (*free-rider*) et réduit sa contribution. Il préfère jouir à moindre coût ou gratuitement du bien collectif produit par la participation et l'effort des autres membres.

C'est la situation mitoyenne, celle où semble exister une équivalence approximative entre la force du mouvement et la force nécessaire pour produire le bien, qui suscite la plus forte évaluation de l'utilité de leur participation chez les membres du mouvement. À ce moment, chaque contribution est pleinement utilisée pour remplir la tâche à laquelle elle est destinée, sans qu'aucune partie ne soit gaspillée ou superflue. De plus, si l'on considère les extrêmes comme des situations de grande stabilité, où un très important effort est requis pour obtenir un changement décisif, la situation d'équilibre apparaît comme celle où la volatilité est la plus élevée et où le moindre changement dans le rapport de forces risque d'entraîner des conséquences notables. (Par exemple, lors d'un vote à majorité absolue, les 2 p. 100 de plus qui mènent de 49 p. 100 à 51 p. 100 sont infiniment plus décisifs que les 2 p. 100 qui mènent de 10 p. 100 à 12 p. 100, ou ceux qui mènent de 75 p. 100 à 77 p. 100). C'est donc à ce moment proche de l'équilibre des forces que le militant peut espérer que sa participation, indépendamment de l'efficacité individuelle qu'il s'attribue, aura un impact relatif maximum sur le déroulement de l'action collective.

Cette évaluation des chances de succès de l'action collective se base principalement sur une anticipation par l'individu du comportement des autres membres du mouvement et de la collectivité. Cela permet d'expliquer les mouvements brusques d'effets «boule de neige» et «château de carte», apparemment provoqués par des changements superficiels.

Par exemple, une perception légèrement négative d'un événement, par une partie des membres, pourra provoquer chez ceux-ci une légère démobilisation à cause d'une diminution dans l'évaluation de la force du mouvement. Percevant ceci, d'autres membres effectuent une évaluation encore plus négative et réduisent d'autant leur niveau de contribution, entraînant une démobilisation encore plus générale, et ainsi de suite. Lorsque cette dégringolade aura atteint un certain plancher, il suffira d'une perception légèrement positive pour relancer le mouvement dans le sens contraire. Ces mouvements ne reflètent donc pas les motivations réelles des militants, mais seulement l'utilité qu'ils associent à leur participation.

La préoccupation à susciter une évaluation opportune de la force du mouvement chez les membres est elle aussi évidente dans le discours idéologique. Par exemple, un parti politique dont les perspectives de succès sont excessivement élevées lors d'une élection tentera de modérer l'optimisme de ses partisans, de crainte que cette impression généralisée de victoire acquise d'avance conduise certains militants à la «paresse» et incite des électeurs sympathisants à ne pas prendre la peine de se déplacer pour aller voter, considérant que les dés sont déjà jetés. On lance alors des appels à la vigilance.

La situation inverse est plus fréquente. Les mouvements collectivistes minoritaires cherchent en général à exagérer leur importance pour mobiliser une population peut-être sympathique à leurs idées mais que les causes perdues indiffèrent. Les estimations divergentes sur le nombre de participants à des manifestations, qu'elles proviennent des organisateurs ou de sources extérieures, trouvent leur explication dans cette exigence. Le spectacle pathétique de militants d'un groupuscule radical quelconque proclamant que les masses sont prêtes à se soulever et que la révolution est proche illustre aussi ce phénomène.

On peut clairement observer ici le dilemme que posent les exigences d'un comportement rationnel fondé sur des motivations à forte teneur émotive. L'attachement émotif au but à atteindre étant très fort et les coûts psychologiques d'une démobilisation (qui surviendrait nécessairement si l'évaluation des chances de succès était nulle) étant trop élevés, la création et la croyance en des mythes deviennent une façon «logique» d'éviter ce traumatisme. C'est seulement en faisant fi des évidences de la réalité dans leur conception du monde que ces militants peuvent poursuivre une action qui, autrement, perd son sens.

Incitatifs (INC)

Les contributions individuelles à l'action collective impliquent des investissements plus ou moins importants de la part des militants. Le mouvement a avantage à offrir des *incitatifs* à ses membres pour que leur participation soit considérée non comme un sacrifice mais comme une expérience directement gratifiante en elle-même. Ceux-ci peuvent être de types divers: organisation d'activités culturelles ou de divertissements en parallèle à l'action politique, rémunération de cadres du parti ou du mouvement, accent sur les bénéfices sociaux ou affectifs d'une participation à une action de groupe, promesses de faveurs futures si le parti est porté au pouvoir, exercice du pouvoir par des individus ambitieux, etc.

Ces incitatifs font en sorte d'augmenter le niveau des contributions individuelles sans que ces augmentations impliquent des coûts plus élevés, ou de telle façon que des coûts plus élevés soient compensés par l'acquisition d'autres types de gratifications.

Théoriquement, un militant pourrait donc s'engager dans l'organisation d'un mouvement simplement pour obtenir les incitatifs offerts par celui-ci même si, par exemple, il évalue que les chances de produire le bien sont nulles — ce qui signifie une valeur zéro pour toute la parenthèse (MOTIVc + MOTIVi + AF). Un mouvement qui connaît le succès a la possibilité de créer un «cercle vertueux» en offrant des incitatifs à ses membres, provoquant ainsi une augmentation des contributions, ce qui renforce le mouvement et permet d'offrir encore plus d'incitatifs, et ainsi de suite. Il s'agit essentiellement d'un problème d'organisation qui n'est pas directement influencé par le discours idéologique du mouvement.

Par ailleurs, les incitatifs ne sont pas toujours perçus comme une source très positive de motivation à participer à l'action collective. Il n'est pas rare de voir des militants trop expressément attirés par certains genres d'incitatifs (pouvoir, argent, accès à des privilèges, visibilité publique) être accusé de «carriérisme» et d'«opportunisme» par d'autres militants aux motivations plus «nobles» (c'est-à-dire strictement collectivistes). Les seconds accuseront les premiers d'utiliser le mouvement à des fins personnelles, intéressées, d'être prêts à sacrifier les intérêts du mouvement au profit de leur avancement individuel, de faire plus pour maintenir leurs privilèges que pour servir le groupe.

Coercition (COE)

On peut ajouter une deuxième variable qui exprime l'action du mouvement lui-même et non la motivation directe à produire le bien collectif. La variable *coercition* mesure les coûts qu'implique une non-participation à l'action collective. Alors que les incitatifs augmentent les bénéfices directs d'une participation, une pression coercitive signifie pour l'individu qu'il aura à subir une perte de gratifications immédiate s'il refuse de contribuer. Il s'agit des deux côtés d'une même médaille. L'individu doit évaluer les coûts d'une participation et ceux d'une non-participation et, encore une fois, choisir la situation qui lui est la plus favorable.

Cette variable est généralement absente de la compétition entre mouvements et partis dans des sociétés démocratiques. Chaque individu fait le choix qui lui plaît sans risquer de représailles. C'est lorsqu'il obtient le pouvoir qu'un parti a recours à des méthodes coercitives — légales — pour établir et protéger les biens collectifs qu'il défend.

❑

Les facteurs inclus dans la fonction devraient théoriquement pouvoir nous indiquer jusqu'à quel point un individu sera prêt à contribuer à l'action collective dans le but d'augmenter ses chances d'obtenir un bien collectif donné. C'est toutefois dans une perspective plus philosophique que les concepts de la théorie de l'action collective seront utilisés dans les chapitres qui viennent.

Dans la mesure où elle se voulait démythificatrice à l'égard des discours idéologiques, l'analyse développée dans cette première partie a sans doute jeté une certaine ombre négative sur ces mouvements. Relativiser, décortiquer des réflexes irrationnels, dévoiler les «techniques» que les mouvements utilisent pour motiver leurs membres, tout ceci n'est pas sans laisser une impression de fausseté et de manipulation.

Les prémisses de la théorie, si elles sont justes, rendaient pourtant inévitable une telle esquisse: aucune identité d'une collectivité ne peut se justifier dans l'absolu, en parfaite objectivité; toutes n'existent que de façon partielle, subjective, relative et contingente. Et si la logique de l'action collective, comme on l'a vu, a tendance à mythifier des éléments de la réalité sociale ou historique, une analyse qu'on veut extérieure à ce genre de discours ne peut qu'apparaître critique lorsqu'elle tente de rétablir les faits.

Par «extérieure» à ce genre de discours, il est signifié que l'analyse ne tente pas de dénigrer une idéologie attachée à une identité collective particulière pour en mettre une autre de l'avant, ou pour défendre une approche individualiste qui s'oppose à toute perspective collectiviste. Elle cherche plutôt à éclairer ce que tous ces discours présentent de commun et à montrer comment ils reflètent certaines données de base du comportement humain. Il était donc nécessaire de procéder à cette analyse pour d'abord démonter cette mécanique de l'action collective, jeter une lumière nouvelle sur un comportement souvent vécu au premier degré, et pouvoir ensuite repenser les motifs de l'action à partir de fondements mieux définis. C'est à l'élaboration de ces fondements que sont consacrés les chapitres de la seconde partie.

Des choix philosophiques plus explicites seront mis de l'avant à partir de maintenant. Au-delà de toute problématique particulière, nous nous demanderons quel est l'apport des identités collectives dans l'épanouissement des individus et dans l'évolution des sociétés humaines, dans quelle mesure l'action collective à divers niveaux joue un rôle dans le développement de la civilisation. Après avoir fait ce détour au travers de questions plus générales et abstraites nous reviendrons, dans la troisième partie, au problème plus concret que constitue la «question nationale» québécoise.

DEUXIÈME PARTIE

Identités collectives, éthique et esthétique

CHAPITRE III

Éthique

L'un des critères à l'aune desquels on juge les sociétés et les civilisations est celui du développement moral qu'elles ont réussi à atteindre. Cette évaluation peut se faire à partir de multiples points de vue. Qu'est-ce qui fonde une morale? Quel est le ressort qui articule, chez les êtres humains, une sensibilité et un comportement éthiques?

L'une des réponses les plus souvent avancées est basée sur une argumentation religieuse: on tente de faire découler toute justification morale de l'existence d'un Dieu, d'un Être suprême, qui aurait transmis des Commandements auxquels il serait nécessaire de se conformer pour obtenir une forme ou une autre de Salut. Même lorsque Dieu n'est pas mis en cause, on tend à invoquer une entité supérieure quelconque et l'enseignement d'un prophète ou d'un leader historique qui lui est associé. La voie morale est ainsi indiquée par une force extérieure à l'individu. Elle n'a pas besoin d'être «ressentie» comme juste par celui-ci mais s'impose de façon indiscutable, par l'autorité de son origine divine, historique ou scientifique.

Ces croyances peuvent être utiles dans des sociétés traditionnelles, homogènes ou totalitaires, où l'ordre moral n'est contesté par personne. Mais dans une société moderne et pluraliste, l'entité absolue qui constitue le socle sur lequel repose la moralité risque cependant d'être démythifiée, et la moralité de s'effondrer dans un même mouvement. Elle cesse alors d'être perçue comme un moyen d'accession à un mode de vie supérieur et semble ne servir que les intérêts des classes cléricales, bureaucratiques ou autres qui l'utilisent à leurs propres fins. Certains affirment alors que la moralité n'existe pas, que tout est relatif, que les valeurs se sont effondrées. D'autres qu'il est inutile de la chercher et que l'ordre surgit de lui-même lorsque chacun poursuit son intérêt individuel. On est en droit de se poser la question: est-il possible de trouver un fondement à l'éthique sans se référer à ces figures absolues?

Définissons d'abord l'éthique, en utilisant les concepts développés dans la première partie. Nous avons suggéré alors que l'individu est à la recherche de gratifications psychologiques à de multiples niveaux. Aucun problème éthique ne surviendrait s'il suffisait d'exprimer un désir pour le voir aussitôt exaucé. Toutefois, alors que les souhaits peuvent être potentiellement illimités, les ressources matérielles et autres, elles, connaissent certaines limites, et surgit alors le problème de la division de ces ressources. Qui plus est, la recherche de son intérêt propre par un individu risque de contrecarrer les désirs d'un autre individu, si ceux-ci sont divergents. Le problème éthique survient lorsque l'individu doit tenir compte, dans sa propre recherche de gratifications, des effets de son comportement sur l'obtention de gratifications par d'autres individus. Une personne parfaitement isolée n'aurait pas besoin de réfléchir aux conséquences morales de ses actes. Ce problème survient uniquement dans un contexte où elle fait partie d'une collectivité et lorsqu'il existe une interaction entre ses actes et ceux des autres membres de la collectivité.

On peut logiquement supposer que si les membres d'un groupe suivent un code de comportement commun, se soucient du sort des uns et des autres, le bien commun ainsi créé sera supérieur à celui d'une situation où chacun suit sa propre voie sans aucun égard envers l'intérêt des autres membres du groupe. La question qui doit être posée est: comment peut-on amener un individu à contribuer à la production de ce bien collectif qu'est l'intérêt général? Comment, pour reprendre la formulation utilisée plus haut, faire en sorte qu'il tienne compte, dans sa recherche de gratifications, des effets de son comportement sur l'obtention de gratifications par d'autres individus? C'est en répondant à cette question que l'on pourra déterminer ce qui fonde l'éthique.

La thèse défendue ici est que l'«intérêt général», quelle que soit la façon dont il est défini, doit être considéré comme un bien collectif comme les autres et que l'individu contribue à sa production en étant motivé tel que nous l'avons vu dans la première partie.

Observée sous cet angle, l'éthique trouve son fondement non pas dans un texte sacré extérieur à l'individu et s'imposant à lui, mais dans une sensibilité intérieure par laquelle il associe le bien-être du groupe à son propre bien-être. Comme pour la production de tout bien collectif, les sources de motivation sont multiples. Le niveau de contribution à l'action collective est une fonction de l'ensemble des facteurs analysés dans le chapitre qui précède. Parmi ceux-ci, la motivation collectiviste, c'est-à-dire le désir d'obtenir les GPc associées à une identité collective particulière, est la première en ligne et donne habituellement son sens à l'action collective.

L'identification à une collectivité implique que l'individu cesse de se considérer comme une entité isolée et se voit plutôt comme une partie d'une entité qui le dépasse. Sur ce plan, et jusqu'à un certain point, il devient «identique» aux autres parties de cette entité collective, c'est-à-dire aux autres membres de la collectivité en question. Le bien-être de la collectivité équivaut donc potentiellement à son propre bien-être individuel. Ce bien-être constitue alors pour lui une GPc, une gratificaton psychologique découlant d'un sentiment d'appartenance à cette collectivité.

C'est l'existence de ce sentiment d'appartenance qui est à l'origine de l'altruisme, de la compassion, de la solidarité ou de la générosité. En aidant un autre membre du groupe auquel il s'identifie (famille, groupe d'amis, nation, religion, femmes, humanité, etc.) à obtenir des gratifications, *l'individu se donne en même temps des GPc*, puisqu'il associe le bonheur de l'autre au sien. Le «collectivisme» dont il s'agit n'est en rien une forme pure de don de soi. On pourrait même le considérer comme une forme élargie d'individualisme, dans le sens où l'individu n'est altruiste que si un sentiment d'identification produit une sorte d'équivalence entre le bonheur d'autrui et le sien.

La sensibilité éthique s'exprime donc lorsque l'individu éprouve un sentiment d'appartenance. Plus il s'identifie à la collectivité, plus les GPc que lui procure le bien-être de la collectivité sont importantes et plus il a tendance à considérer l'intérêt des autres membres du groupe dans ses actions.

La production d'un bien collectif implique généralement l'obtention de GPc et de GPi, mais aussi l'existence de certains coûts. L'individu évalue les coûts et la somme des gratifications anticipées et décide ensuite du niveau de sa contribution. Une personne plus strictement individualiste aura tendance à évaluer plus fortement l'importance des coûts et des GPi, alors que la personne collectiviste, qui s'identifie fortement au groupe, mettra relativement plus d'accent sur la valeur des GPc. Il s'agit rarement d'un comportement unilatéral. Sauf dans des cas extrêmes, chacun est individualiste et collectiviste à divers degrés et chaque action est l'occasion d'une nouvelle réévaluation.

L'image d'un code moral mythique venu du ciel ou du fond des âges perd un peu de son mystère à la lumière de cette analyse. D'abord, on peut supposer que chaque identité collective produit une sensibilité et un comportement éthiques à son niveau propre, même si ce sont généralement les grands systèmes religieux ou idéologiques qui semblent occuper tout le terrain. Il existe une certaine éthique au sein de tel groupe d'amis, de telle équipe de hockey, comme il existe une éthique humaniste universelle, celle des droits de la personne, qui n'est pas nécessairement fondée sur une conception religieuse de la moralité.

Ces grands systèmes moraux fonctionnent par ailleurs de la même façon que les plus modestes. S'ils sont acceptés comme valables et appliqués par ceux qui y croient, c'est qu'il existe chez ces individus la même réceptivité intérieure à tenir compte de l'intérêt général.

Par exemple, l'un des rituels les plus importants du christianisme, la communion, est un symbole éloquent de l'expression de ce sentiment collectiviste. C'est parce que chaque croyant considère qu'il reçoit le corps du Christ et forme de cette manière un seul corps avec lui et avec tous les autres chrétiens, qu'il devient *personnellement responsable* de la mise en place d'un ordre moral qui le dépasse. Son sentiment d'appartenance à cette communauté de croyants fait en sorte que des événements qui ne le concernent pas directement, mais qui concernent l'Église ou d'autres croyants, trouvent tout de même un écho dans sa conscience. C'est lui aussi qui fonde la charité et les autres vertus chrétiennes. À côté de cela les pressions coercitives de l'Église en tant qu'institution, si elles permettent de «forcer» un comportement moral ou pseudo-moral dans les sociétés traditionnelles, ne peuvent être considérées comme la source d'une sensibilité éthique chez ceux qui en sont les victimes.

Récapitulons: la motivation à produire un bien collectif provient du désir d'obtenir des GPc (motivation collectiviste) et/ou d'obtenir des GPi et de favoriser ses intérêts individuels (motivation individualiste). Dans la mesure où elle prend en compte le sort des autres membres du groupe concerné, la motivation collectiviste apparaît comme la source d'un comportement éthique alors que la motivation individualiste provoque un comportement potentiellement plus «égoïste». Les deux variables peuvent être positives et ainsi se renforcer l'une l'autre, ou divergentes, et celle qui sera la plus valorisée fera pencher la balance d'un côté ou de l'autre (en faisant abstraction des autres variables qui influencent la contribution).

Illustrons cette analyse par un exemple simple: la production du bien collectif «propreté dans le parc X».

Chaque personne qui se promène dans le parc X a le choix entre jeter sacs et papiers par terre ou les jeter dans une poubelle publique. Nous supposons que les facteurs INC (incitatifs) et COE (coercition) sont négligeables. Il n'existe aucune pression sociale ou aucune amende pour inciter l'individu à garder le parc propre. De même, si le parc est déjà propre, le facteur UTIL est à son maximum et on peut donc l'ignorer (la participation de l'individu — jeter son papier dans la poubelle — est alors très importante pour la production du bien collectif. Si le parc était déjà jonché de déchets, un papier de plus n'y changerait rien, sa participation serait alors inutile). Les seules motivations à produire le bien collectif sont donc les motivations collectiviste et individualiste.

Si le coût de la contribution se mesure par la perte de gratifications que constitue un détour à faire pour jeter le papier dans une poubelle (temps qui aurait pu être utilisé de façon plus agréable), on peut supposer que le promeneur sera prêt à payer ce coût s'il croit ainsi obtenir d'autres GPc et GPi qui contrebalancent cette perte. Des GPi seront vraisemblablement consommées s'il tire lui-même une certaine satisfaction de la propreté du parc. Ne pas contribuer signifierait non seulement salir un peu le parc, mais aussi risquer de causer un effet d'entraînement (en diminuant l'utilité de la participation des autres promeneurs) qui rendrait plus difficile la production du bien à moyen terme.

Ce seul raisonnement suffit peut-être à motiver notre personnage à jeter son papier dans une poubelle. En est-il cependant de même si, par exemple, il se trouve dans une ville étrangère ou dans un parc qu'il croit ne jamais visiter de nouveau? Une évaluation rationnelle lui indiquerait alors que les GPi anticipées par la production du bien sont quasi inexistantes par rapport aux coûts. Pourquoi se soucierait-il du bien collectif que constitue la propreté d'un parc qu'il va quitter dans les deux prochaines minutes et où il ne remettra jamais les pieds? Un point de vue strictement individualiste conclurait que cette personne n'est pas suffisamment motivée et qu'une pression coercitive (une menace d'amende, par exemple) est nécessaire pour forcer une contribution. Et pourtant, il existe une autre sorte de motivation susceptible d'amener cette contribution, que l'on appelle communément le «sens civique».

Le concept est difficile à définir de façon claire. Il s'agit pourtant vraisemblablement d'une sensibilité éthique, issue d'un vague sentiment d'identification, en tant que citoyen, avec des gens qui vivent dans un même lieu, utilisent les mêmes services, ou simplement ressentent le même plaisir à observer la beauté d'un parc. C'est ce sens civique qui produit une motivation supplémentaire, collectiviste, à contribuer à la propreté du parc. Les GPc anticipées sont d'une nature tout aussi vague mais tout aussi réelle: satisfaction à l'idée que d'autres promeneurs pourront jouir d'un parc propre, *même si l'individu lui-même n'en jouira pas de nouveau*, satisfaction à l'idée d'avoir apporté une modeste contribution au bien-être de la communauté, etc. Ce sont ces GPc anticipées, découlant d'un sentiment d'appartenance particulier, qui fondent le comportement éthique de l'individu. C'est à cause d'elles qu'il tient compte des conséquences de ses actes sur le bien-être des autres membres de la communauté.

Les campagnes de «sensibilisation» telles que *Gardons Montréal propre*, *La fierté a une ville* et *Vivre Montréal* visent précisément à influencer cette variable, celle du sens civique fondé sur l'identité collective montréalaise.

Cet exemple illustrait un problème éthique simple mais la même analyse pourrait s'appliquer à divers niveaux d'identification collective, comme à divers types de biens collectifs.

La production de la prospérité économique est sûrement le bien collectif qui mobilise le plus d'énergie dans toutes les sociétés. L'une des conséquences de la prospérité est de permettre aux citoyens qui en profitent d'augmenter leur contrôle de la réalité et, en conséquence, d'obtenir plus facilement une plus grande quantité de gratifications. À cause de son importance, mais aussi parce que la dimension éthique et la dimension strictement individualiste s'y retrouvent de façon singulière, cette question mérite qu'on s'y attarde quelque peu.

Pendant plus d'un siècle, deux idéologies principales se sont affrontées pour tenter d'expliquer et de prescrire la façon idéale d'atteindre cet objectif de prospérité. Au-delà des problèmes spécifiques d'investissement, de masse monétaire, de développement technologique ou de politique gouvernementale, réduisons le problème à ceci: comment faire en sorte de *motiver* les membres d'une société, ou d'un espace économique donné, à produire plus?

L'idéologie libérale affirme en gros que c'est la recherche du profit individuel et la propriété privée qui sont les moteurs les plus efficaces du développement économique. En appliquant la présente théorie à ce point de vue, ce facteur tient lieu de motivation individualiste, de désir d'obtenir des GPi et de favoriser ses intérêts individuels qui incite l'individu à l'action.

D'un autre côté, l'idéologie socialiste ou communiste met l'accent sur des objectifs communs, l'égalitarisme et la propriété collective. L'individu n'est pas motivé par l'obtention de GPi mais avant tout par celle de GPc. Il doit travailler pour le bien de la communauté tout entière en premier lieu, non pour son bien propre. C'est donc une motivation collectiviste qui agit comme moteur du développement économique, selon ce point de vue. Les deux courants de pensée sont ainsi parfaitement en désaccord sur ce qui constitue la motivation fondamentale au travail chez l'être humain.

On sait, et ça ne fait plus de doute depuis les récents événements en Europe de l'Est et en Union soviétique, que c'est le capitalisme libéral qui s'avère, des deux, le système le plus efficace. La prospérité économique d'une société peut évidemment être considérée comme une GPc par un citoyen qui s'identifie à cette société et qui se préoccupe de son bien-être global. Cependant, en grande partie, le bien collectif «prospérité économique» est d'abord source de GPi et occasion de favoriser les intérêts individuels des membres de la collectivité. Cette prospérité signifie, pour eux, suffisance ou préférablement abondance de nourriture, vêtements, confort, possessions matérielles ou autres, temps libre, etc., gratifications qui sont consommées généralement sans lien avec un sentiment d'identification collective. Même si certains de ces éléments peuvent être transformés en GPc (par exemple, des vacances peuvent être l'occasion d'une expérience culturelle ou spirituelle), c'est d'abord en augmentant son bien-être individuel et en favorisant ses propres intérêts économiques, et non ceux du groupe en général, que l'individu y accède.

À moins de se trouver dans une société où le sentiment d'appartenance à la collectivité est tellement fort, chez une grande partie des membres, qu'il suscite un comportement altruiste généralisé — et, malgré toutes les prédictions utopistes, une telle société n'a pas encore vu le jour —, on peut logiquement conclure que c'est la motivation individualiste qui incite d'abord les individus à augmenter leur contribution au bien collectif «prospérité économique».

Un système économique fondé sur la prédominance de la motivation collectiviste a donc inévitablement peu de chance de s'avérer efficace. Pourquoi un citoyen qui s'identifie modérément à sa collectivité et qui considère son travail d'abord comme un moyen de favoriser ses intérêts individuels ferait-il des efforts supplémentaires si ceux-ci ne lui rapportent rien directement? Ces efforts personnels auront probablement un effet impossible à discerner sur la prospérité générale et les coûts qu'ils auront occasionnés dépasseront certainement en importance les GPc obtenues à l'idée d'avoir contribué à augmenter cette prospérité. Il s'agirait d'un comportement illogique puisque l'on doit s'attendre à ce que l'individu ne fasse des efforts supplémentaires que si ces coûts sont contrebalancés par des bénéfices au moins égaux. Ni la créativité, ni l'entrepreneurship, ni une plus grande réceptivité face aux changements technologiques, ni la recherche d'une productivité supérieure de quelque manière que ce soit n'offre la garantie d'une consommation accrue de GPi pour un individu fonctionnant dans un tel système. L'exigence éthique d'une égalité entre les membres du groupe n'agit plus que comme l'éteignoir de toute motivation à améliorer aussi bien le sort commun que son sort propre.

La motivation individualiste s'avère sans aucun doute plus efficace que la motivation collectiviste pour produire un bien collectif d'abord source de GPi et susceptible de favoriser les intérêts individuels. Il est tout de même possible d'imaginer une troisième situation encore plus favorable: celle où, évidemment, les *deux* types de motivation entrent en jeu.

Deux des modèles économiques parmi les plus analysés et copiés dans le monde depuis plusieurs années sont les modèles suédois et japonais. Ces deux économies ont démontré

à plusieurs reprises qu'elles sont capables de s'adapter de façon remarquable à des situations internationales changean-
tes, de surmonter les crises et de maintenir des indices de
croissance et d'emploi parmi les plus élevés des pays riches.
Toutes deux présentent des caractéristiques qui en font des
systèmes capitalistes non orthodoxes, caractéristiques que
l'on pourrait par ailleurs qualifier de «collectivistes» à certains égards.

Il ne s'agit évidemment pas d'un collectivisme dans le
sens marxiste du terme, puisque l'entreprise privée jouit dans
ces pays de toute la liberté qui caractérise les systèmes capitalistes. Mais cette liberté s'accompagne d'un souci de bien-être
collectif qui prend des formes particulières.

L'économie japonaise est caractérisée par l'existence de
liens, formels ou informels, entre tous les secteurs d'activité,
un tissu de relations dont les étrangers sont pratiquement exclus et qui crée cette image stéréotypée de «Japan Inc.». Les
conglomérats géants démantelés après la guerre par les Américains ont peu à peu été reconstruits. Au Japon, on vous dira
que ce n'est pas le gouvernement qui gouverne, mais plutôt
une alliance serrée entre la bureaucratie et l'entreprise privée,
au nom de l'«intérêt national». On connaît par ailleurs tous
les clichés du fameux «nationalisme d'entreprise», cette sorte
de paternalisme qui nourrit un sentiment d'appartenance in-
tense chez le travailleur envers la compagnie qui l'emploie:
exercices collectifs et «hymne à l'entreprise» chaque matin,
participation des patrons à la vie privée des ouvriers, sortie
obligée avec les collègues après le travail, emploi à vie, centres sportifs et même cimetières de compagnie! Chez beaucoup de travailleurs, l'«identité professionnelle» passe avant
toutes les autres. Ce qui n'est pas peu dire quand on sait
comment les autres identités collectives, familiale, régionale
ou nationale, sont importantes dans la personnalité des Japonais.

Le modèle suédois est très différent. Les syndicats y
jouent un rôle primordial et il existe une forme de collabora-
tion, autant au niveau de l'entreprise qu'au niveau national,
qui fait en sorte que c'est l'intérêt commun à long terme qui

est valorisé plutôt que les profits rapides ou les augmentations de salaire irréalistes. L'hégémonie libérale-démocrate au Japon a son pendant dans la social-démocratie suédoise, au pouvoir presque sans interruption pendant des décennies[1]. Le collectivisme social suédois, presque caricatural lorsqu'on constate à quel point la vie des individus est réglementée à tous les niveaux, n'a rien non plus à envier à celui des Japonais, dont le conformisme est légendaire.

On aurait pu donner l'exemple de la Corée du Sud et des autres «dragons» sud-asiatiques, avec leur morale collectiviste néo-confucianiste. Ou celui de l'Allemagne et de son «marché social», un terme qui contient en lui-même les deux dimensions du phénomène, individuelle et collective. Les dogmes du libéralisme ne s'appliquent plus lorsqu'on examine ces sociétés. Le type de collectivisme qui s'y applique laisse libre cours à l'expression de la motivation individualiste mais réussit à canaliser vers un même but des intérêts divergents.

Doit-on en conclure que la Suède, le Japon — ou l'Allemagne, la Corée du Sud et d'autres sociétés aux modèles de développement similaires —, sont des sociétés idéales? Non, bien sûr. Le collectivisme ambiant qui y règne a aussi de nombreux désavantages sociaux et culturels. Chaque société produit des motivations collectivistes à des niveaux qui lui sont appropriés et il n'est aucunement opportun de chercher à copier intégralement ces modèles pour arriver à de meilleurs résultats. Cette démonstration avait simplement pour but de montrer que des systèmes fondés sur une seule forme de motivation ne peuvent être qu'incomplets, aussi

---

1. Les sociaux-démocrates suédois ont perdu le pouvoir en 1991 au profit d'une coalition de centre-droite qui défend un programme de libéralisation de l'économie. Il serait toutefois surprenant que des réajustements souhaitables aboutissent à la liquidation complète d'un modèle qui a fait ses preuves. Ironiquement, c'est encore un consensus national sur des mesures draconiennes à adopter qui a permis au pays de traverser une crise financière sans précédent à l'automne 1992.

Quant aux libéraux-démocrates japonais, ils ont été remplacés à l'été 1993 par une coalition de partis d'opposition qui préconisent essentiellement la continuité sur le plan économique.

bien dans l'analyse qu'ils font de la réalité humaine que dans la poursuite pratique de biens collectifs.

En mettant l'accent exclusivement sur la poursuite individuelle de GPi, l'idéologie libérale se prive non seulement d'un moyen supplémentaire pour instaurer une production de GPi plus efficace, elle tend aussi à dénigrer l'existence même des GPc.

Quelle différence y a-t-il, pour prendre des exemples extrêmes, entre le comportement d'une Mère Teresa qui consacre sa vie à ses malades et celui d'un spéculateur qui cherche à s'enrichir par tous les moyens, y compris la fraude et la corruption? Un point de vue strictement individualiste ne peut que pointer vers l'intérêt individuel de chacun à agir de la sorte, ce qui n'explique rien. On voit bien cependant que la notion d'éthique développée dans ce chapitre éclaire un peu plus la situation: d'un côté, identification extrême à l'autre (issue de convictions religieuses) fondant une motivation collectiviste très forte et une attitude altruiste; de l'autre, motivation individualiste exacerbée avec absence de motivation collectiviste et de sensibilité éthique correspondante.

De même, une approche strictement individualiste est impuissante à expliquer un phénomène psychologique aussi banal que le sentiment de culpabilité. Pourquoi un individu se sentirait-il coupable de quoi que ce soit s'il ne recherche que son bien propre et si le marché dirige son action et celle des autres membres de la collectivité en tout domaine vers un équilibre bénéfique?

En fait, se sent coupable celui ou celle qui s'est laissé aller à rechercher une GPi dans un moment de «faiblesse éthique» tout en étant conscient que son acte allait causer du tort à d'autres membres de la collectivité. Le sentiment de culpabilité apparaît comme une privation de GPc subséquente à l'acte «immoral». Sans qu'une intervention d'autres membres soit nécessaire, l'individu *se punit lui-même* en quelque sorte, en se sentant malheureux d'avoir transgressé le penchant éthique qui devait régir son comportement. Le tort fait au groupe rejaillit sur lui. Si l'individu ne ressentait pas de sentiment d'appartenance et n'identifiait pas le bien-être du groupe avec le sien, il n'aurait alors qu'à craindre de possibles représailles. Il serait illogique de se sentir coupable si son seul bonheur individuel lui tenait à cœur.

Doit-on se surprendre si bien des dirigeants d'entreprises ne se soucient guère de la pollution qu'ils causent aussi longtemps que leurs profits n'en sont pas affectés? Ou, pour prendre d'autres types de biens collectifs, est-ce coïncidence si les milieux financiers et industriels ne s'inquiètent de carences en éducation, de dénatalité, de problèmes de santé ou d'aménagement urbain que lorsqu'ils se rendent compte qu'ils affectent directement ou indirectement leur chiffre d'affaire? C'est uniquement lorsqu'ils y sont confrontés qu'ils éprouvent la motivation individualiste à s'attaquer à ces problèmes. La motivation collectiviste, elle, est habituellement déficiente.

Cette «prise de conscience» tardive amène des justifications surprenantes. Les milieux d'affaires québécois ont ainsi approuvé des mesures fiscales natalistes prises par le gouvernement parce que «c'est très bon du point de vue des entreprises, qui ont besoin de travailleurs et de consommateurs» (*Le Devoir*, 13 mai 1988). Quand elles n'en auront plus besoin, on pourra cesser de se reproduire sans se causer de soucis!

Les carences d'un individualisme débridé ont déjà été commentées en long et en large et il n'est pas nécessaire d'en rajouter. Il s'agit plutôt de voir quelle est la logique qui justifie et explique un tel comportement à courte vue. Et ce comportement paraît en effet «logique» lorsqu'on constate la faiblesse des identifications collectives, motivations collectivistes et sensibilités éthiques, de même que la prédominance des motivations individualistes.

Vue de façon abstraite, par opposition à une attitude individualiste, l'attitude collectiviste semble être la seule qui prenne en compte le bien-être général. Peut-on alors affirmer que les mouvements collectivistes mettent de l'avant des causes plus «morales», alors que les individualistes doivent être vus comme nécessairement «immoraux»?

Une collectivité n'existe toujours que par rapport à d'autres collectivités. Du *Moi* individualiste, nous passons au niveau collectif à un *Nous* qui, paradoxalement, présente lui aussi un potentiel d'«individualisme» ou d'«égoïsme» par rapport à ce qui lui est extérieur, c'est-à-dire par rapport à d'autres collectivités. Le problème éthique se pose alors de nouveau, de façon souvent plus dramatique.

L'analyse de la première partie avait déjà fait voir les failles inhérentes au discours et à l'action des mouvements collectivistes. Ceux-ci tendent en effet à mythifier certains aspects de la réalité dans le but d'augmenter la motivation de leurs membres à contribuer à l'action collective. Les militants très collectivistes ont intérêt — pour l'obtention de GPc d'abord mais aussi, possiblement, pour celle de GPi — à ce que toutes les caractéristiques qu'ils valorisent se répandent de façon plus «objective» au sein du groupe. Il peut donc arriver qu'un mouvement collectiviste sous l'influence de ses membres radicaux cherche activement à concrétiser cet objectif.

Ce mouvement tentera alors, en motivant chaque membre de la façon déjà étudiée dans la première partie, de créer le bien collectif «homogénéité». Toujours de façon schématique, il s'agit de renforcer le noyau de l'identité de la collectivité, soit en poussant les individus à la périphérie vers le centre, soit en les expulsant.

Pour ceux qui cherchent des sources de motivation, il n'existe aucune limite à la distance qui sépare la situation idéale de la situation réelle du groupe. Le niveau d'aliénation, source de motivation collectiviste, peut être poussé à des limites toujours plus reculées, grâce à un discours idéologique de plus en plus mythifié. Sur une échelle infinie, il existe toujours quelqu'un de plus «pur», de plus dévoué à «la cause», et la surenchère est potentiellement impossible à arrêter.

Un tel mouvement, s'il dispose des moyens appropriés, a donc la possibilité de transmettre son discours et de motiver une partie de la population de cette manière. Il peut, de plus, profiter d'une situation qui le rend à même de promettre des GPi. À partir du moment où il devient réellement puissant, le mouvement acquiert la possibilité d'offrir des incitatifs à ses membres pour augmenter un peu plus son influence. Militants et cadres du mouvement ont des intérêts immédiats à ce qu'il se renforce. Finalement, et c'est là que le problème éthique devient crucial, le mouvement peut aussi se servir de mesures coercitives, moyen ultime pour imposer une contribution. Là non plus, dans l'application de ces mesures, il n'existe pas de limite.

Comment des individus collectivistes, et même très collectivistes puisqu'ils se situent au noyau de notre schéma, en viennent-ils à accepter d'appliquer des mesures répressives pour obtenir la production d'un bien collectif alors que leur sensibilité éthique devrait leur interdire un pareil recours? La rupture survient lorsque l'identité collective mise de l'avant, en étant mythifiée à l'extrême, finit par définir complètement l'individu et par éliminer tous les autres niveaux d'identités collectives qui apparaissent concurrents. Se crée alors chez ces militants, dans ces cas extrêmes, une motivation collectiviste qui fonde un comportement éthique absolu envers les autres membres du groupe tel qu'ils le définissent. Leur réceptivité intérieure à renoncer à toute GPi et à toute GPc à d'autres niveaux dans le but d'obtenir des GPc liées à ce sentiment d'appartenance est elle aussi absolue. Kamikaze, étudiants coréens s'enlevant la vie par le feu, et autres commandos-suicide islamiques constituent des exemples frappants de cet état d'esprit.

Cette éthique parfaite se complète par ailleurs d'une non-éthique tout aussi parfaite envers tout ce qui est extérieur au groupe (ou envers ceux qui, à l'intérieur du groupe, refusent de se conformer à la «juste» définition de l'identité collective, les révisionnistes, les traîtres). Le militant ne fait plus qu'un, dans son esprit, avec le groupe tel qu'il le conçoit, et les sentiments d'appartenance qui le lient à d'autres niveaux à des individus étrangers à ce groupe ont disparu. Il n'existe donc plus de raison de faire preuve d'un comportement éthique envers ceux-ci.

Toute action devient bonne si elle sert les intérêts du groupe, qui semble alors agir de façon «individualiste» par rapport à d'autres groupes, s'il est possible de faire une généralisation de cette sorte. C'est cet état psychologique qui justifie la perpétuation des horreurs que nous connaissons. Des purges de Staline aux camps de concentration nazis, en passant par les exécutions en masse de l'islamisme iranien et le génocide arménien en Turquie, toutes les calamités du vingtième siècle (et des siècles précédents; que l'on pense à la «Sainte» Inquisition) résultent de cette mythification fanatique et totalitaire d'une identité collective particulière qui mène en bout de course à une rupture totale entre *Nous* et *Eux*.

Les régimes totalitaires, communistes, fascistes ou fondamentalistes religieux, ne constituent que les exemples les plus spectaculaires d'un tel développement. À des niveaux plus modestes et avec des conséquences bien moins importantes, la «féministe enragée» ou le militant «anti-raciste» agressif, malgré leur discours soit-disant progressiste, font preuve du même type d'intolérance envers les individus qui n'adhèrent pas totalement à leur dynamique collectiviste. Ce à quoi il faut ajouter, évidemment, les mouvements nationalistes, dont nous traiterons dans la troisième partie.

Si l'on se reporte au schéma général du premier chapitre, on se souvient que c'était le facteur «compréhension de la réalité» qui, dans la conception de la réalité de l'individu, faisait contrepoids aux exigences émotives sources de croyances mythiques. On peut donc supposer qu'une augmentation générale du niveau d'information et d'éducation puisse avoir des effets bénéfiques sur la démythification d'une identité collective et diminuer ainsi les risques d'excès collectivistes. L'identité traditionnelle, agrarienne, patriarcale et cléricale, a d'ailleurs été la première victime de ce développement dans les sociétés modernes.

Un autre développement qui tend à désamorcer l'exacerbation d'une identité particulière est l'émergence d'identités plus englobantes, qui créent des sensibilités éthiques à des niveaux plus élevés, lesquelles peuvent faire contrepoids aux tendances totalitaires de mouvements extrémistes. De façon plus concrète, le développement d'une «identité humaine», d'un sentiment d'appartenance qui crée un lien entre chaque être humain quels que soient sa race, sa religion, son sexe, sa nationalité, ou d'autres caractéristiques qui le définissent de

façon plus limitée, s'avère la meilleure garantie contre les totalitarismes et les intolérances de toutes sortes.

L'idéologie libérale, malgré les déficiences que l'on a
constatées, a certainement joué un rôle important dans ce processus de démythification des identités collectives, de même
que dans la création d'une identité humaine, en mettant justement l'accent sur l'individu et sur sa poursuite rationnelle de
bonheur individuel. Ceux qui s'en réclament tendent cependant à se limiter à la seule justification de cette poursuite de
GPi et à laisser tomber tout le côté éthique associé à l'identité
humaine. De là viendrait l'ambiguïté du concept d'«individualisme» et les réactions partagées qu'il suscite.

On peut en effet être individualiste dans la simple poursuite de ses intérêts individuels, à l'encontre de toute forme
de collectivisme. Ce type d'individualisme, «barbare» si l'on
peut dire (par opposition à «civilisé»), est dénué de toute sensibilité éthique.

On peut toutefois concevoir une autre forme d'individualisme, qui contrecarre elle aussi jusqu'à un certain point
l'emprise des identités collectives intermédiaires, mais ceci
justement parce qu'elle met de l'avant une identité et une
éthique plus globales. Cette forme d'individualisme, fondée
sur l'identité humaine, s'oppose aussi bien aux pressions
conformistes des sociétés traditionnelles qu'à la répression
brute des régimes totalitaires, aussi bien à l'intolérance douce
des mouvements minoritaires revendicateurs qu'à l'insensibilité d'un individualisme barbare. C'est elle qui fonde véritablement la liberté individuelle, une liberté responsable qui
tient compte de l'environnement dans lequel elle se déploie
et qui ne renonce pas au *sens* que procure l'insertion dans un
contexte qui dépasse l'individu.

L'approfondissement d'une identité humaine couplée à
des identités intermédiaires non mythifiées et à la capacité
d'obtenir des GPi et d'avancer ses intérêt individuels dans les
limites imposées par une sensibilité éthique, voilà la situation
idéale que la théorie et l'expérience humaine nous invitent à
construire.

CHAPITRE IV

Esthétique

L'être humain qui vivrait isolé, sans aucun lien avec un entourage quelconque, avec d'autres entités qui lui seraient extérieures, n'aurait qu'à se préoccuper de sa survie et de la satisfaction de ses besoins primaires. Il ne serait confronté à aucun problème éthique, n'ayant pas à considérer dans sa poursuite de gratifications de type individuel qui ou quoi que ce soit qui le dépasse. Seulement lorsque ce monde extérieur existe, et lorsque l'individu est conscient d'en faire partie, devient-il nécessaire pour lui de tenir compte des conséquences de ses actes sur son entourage.

L'isolement total impliquerait une seconde simplification dans la vie de cet individu. Il lui serait inutile de chercher à mettre en forme la réalité puisque celle-ci se limiterait à lui seul. Une unité isolée n'a rien à exprimer. Elle ne peut même pas se concevoir comme unité puisqu'elle n'a rien d'autre par rapport à quoi se mesurer, se comparer, prendre conscience de son identité, rien non plus en quoi elle puisse *se reconnaître*. L'esthétique est donc totalement absente de la vie de ce personnage forcément imaginaire.

Dans ce cas aussi, la présence d'une réalité extérieure change les règles du jeu. Apparaît alors une interaction entre l'individu et son entourage qui provoque des choix, des positionnements. C'est par ceux-ci que l'individu est amené à donner une certaine forme à sa vie et à la réalité qui l'entoure.

L'esthétique repose donc nécessairement sur un lien entre l'individu et son entourage. Allons un peu plus loin. Pourquoi mettre la réalité en forme d'une certaine manière plutôt que d'une autre? Et pourquoi favoriser certaines mises en forme, lorsqu'elles existent, plutôt qu'en accepter de nouvelles de façon indifférente? À la lumière de ce qui a été analysé jusqu'ici, la réponse paraît évidente: *parce qu'une certaine esthétique constitue la mise en forme d'une identité collective particulière.*

Le sentiment d'appartenance à une collectivité fait en sorte que l'individu se considère, à certains niveaux, comme partie d'une entité qui le dépasse plutôt que comme unité isolée. Ce sentiment s'exprime parfois de façon directe, par exemple lors de manifestations de fierté ou de chagrin qui découlent de la condition du groupe (que l'on se rappelle l'explosion d'émotivité qui a suivi le décès de René Lévesque). Dans la vie quotidienne, il se concrétise de façon moins évidente, dans la mise en pratique d'une sensibilité éthique.

On peut par ailleurs supposer que ce sentiment d'appartenance provoque une sorte de *tension psychologique*, un besoin de combler la distance qui sépare l'individu, prisonnier de son individualité, de cette entité plus globale à laquelle il s'identifie. C'est cette tension qui le pousse à créer un monde qui lui ressemble, dans lequel il se reconnaît, à mettre en forme une réalité qui puisse exprimer, de façon concrète, son sentiment d'appartenance. Cette mise en forme particulière de la réalité permet à l'individu d'obtenir un autre type de GPc, celles qui ont trait à l'esthétique.

La mise en forme de la réalité dont il est question ici doit s'entendre dans un sens très large, qui inclut aussi bien les catégories habituelles que sont l'art, la culture, les coutumes, etc., que des phénomènes plus restreints qui n'y entrent pas nécessairement. Il existe divers types de mises en forme, même si nous porterons notre attention sur quelques-unes seulement parmi les plus évidentes.

Les constructions esthétiques se fondent sur des données en grande partie subjectives. Ce ne sont pas les collectivités

qui font certains choix, ou qui ressentent d'une certaine façon, ce sont les individus. Une mise en forme implique nécessairement un choix, puisque la réalité offre un potentiel infini
de constructions différentes. Des limites physiques ou autres,
des critères utilitaires et fonctionnels, imposent évidemment
certaines normes. Toutefois, même à l'intérieur de ces
contraintes, le nombre des variations est illimité. Ce qu'il
convient d'analyser est le pourquoi de l'apparition de
convergences qui unissent des individus, au-delà de leur subjectivité. Ces convergences surviennent en effet aussi bien
dans la façon de construire une réalité collective nouvelle que
dans les sensations que provoque une réalité déjà construite
de façon particulière.

Selon un cliché, les Britanniques sont réputés prendre le
thé à cinq heures. Quelle que soit son origine, le *five o'clock tea*
est maintenant vu comme une coutume «typiquement britannique». Le choix n'a rien d'absolu. Pourquoi pas quatre heures? Pourquoi pas du café? Le fait est qu'un *four o'clock coffee*
ne signifie rien, aujourd'hui, pour un Britannique. De la
même façon, on peut supposer qu'un individu qui ne s'identifie pas comme Britannique n'a aucune raison de prendre le
thé à cinq heures. Malgré sa nature parfaitement arbitraire,
cette activité *prend un sens* dans un contexte bien particulier,
celui de la Grande-Bretagne, justement parce qu'elle met en
forme un certain vécu collectif, parce qu'elle exprime l'identité britannique.

Prenons encore l'exemple des grands escaliers extérieurs
de façade, typiques de l'architecture du Plateau Mont-Royal
et de quelques autres quartiers du centre de Montréal. Un escalier semblable à Laval ne serait qu'un escalier, point. Une
façon comme une autre d'accéder à un étage supérieur. Sur le
Plateau Mont-Royal, il prend un sens différent, il devient
l'une des expressions du caractère particulier de ce quartier.
C'est son côté collectif, le fait que cette «façon d'accéder à un
étage supérieur» soit omniprésente dans ce quartier, qui lui
donne un sens esthétique. Et ce caractère esthétique fait d'un
tel escalier quelque chose de plus qu'un simple objet utilitaire
pour les gens qui s'identifient d'une façon ou d'une autre au

Plateau Mont-Royal ou pour ceux de l'extérieur qui en apprécient l'esthétique.

La liste des exemples pourrait s'allonger à l'infini. Façons de s'habiller, coutumes religieuses, dîner du dimanche en famille, styles musicaux, toutes ces mises en forme de la réalité *pourraient être autres*, mais acquièrent une certaine valeur à cause de leur nature collective, *parce qu'elles situent l'individu par rapport à ses appartenances*. Quelques-unes sont plus objectives, c'est-à-dire qu'elles s'imposent à l'individu sans qu'il ait vraiment le choix de les adopter (une langue maternelle, par exemple). D'autres sont plus subjectives, l'individu les adopte et en jouit plus librement, parce qu'elles répondent à ses sensibilités. Dans tous les cas, *une mise en forme perd son sens lorsqu'elle perd son caractère collectif*, comme un *five o'clock tea* pour un Indonésien ou un escalier extérieur à Laval.

Les exemples qui précèdent se rattachent facilement à une collectivité particulière. Toutefois, on peut supposer que de nombreux artistes, ces créateurs professionnels d'esthétique, refuseraient d'être ainsi catégorisés. Ils pourraient soutenir que leur œuvre est strictement personnelle et qu'elle aspire à un sens «universel», au-delà des divisions sociales, régionales, culturelles ou historiques. S'agirait-il d'une esthétique individualiste? Probablement pas.

On retrouve en fait ici le même problème qui se posait à la fin du chapitre précédent, lorsqu'il s'agissait de distinguer deux types d'individualisme. L'un, qualifié de barbare, découlait d'une stricte recherche de GPi, et ne provoquait aucune sensibilité éthique. L'autre, fondé sur une identité humaine, sur un sentiment d'appartenance à l'humanité tout entière, soutenait au contraire une sensibilité éthique abstraite et globale. Une telle sensibilité peut paraître individualiste lorsqu'elle est confrontée à des éthiques plus restreintes, mais justement parce qu'elle est plus englobante. La non-conformité à certains niveaux peut donc masquer une adhésion à des niveaux supérieurs.

De la même façon, une œuvre d'art peut exprimer ce qui, par-delà les idiosyncrasies historiques, géographiques et autres qui divisent l'humanité, fait référence à ce que cette humanité a en commun.

Pour poursuivre le parallèle avec la dimension éthique, on peut supposer qu'il existe aussi une sensibilité esthétique, une réceptivité psychologique, émotive au *sens* de certaines mises en forme de la réalité. Il s'agit là d'un phénomène plus complexe que le simple plaisir ressenti devant quelque chose de «beau», un agencement de couleurs et de formes qui frappe l'œil de façon agréable.

La créativité véritable implique nécessairement une sensibilité de ce type pour porter des fruits. Il est bien sûr risqué de trop généraliser; chaque créateur vit une expérience différente et d'autres facteurs psychologiques ou sociaux sont évidemment à l'œuvre, qui mériteraient une analyse plus approfondie. De plus, tout ce processus n'a pas à être rationalisé, ressenti de façon consciente, pour être effectif. (Il ne s'agit pas de se dire: «Je m'identifie à telle collectivité, je ressens une tension créative, j'exprime donc mon sentiment d'appartenance en écrivant ce roman.») En analysant de façon trop méthodique un phénomène où la part d'irrationnel est prépondérante, on ne peut que produire une image incomplète et déformée de cette réalité.

Il suffit cependant d'examiner les stéréotypes de l'artiste — qui expriment une certaine réalité en cernant et en exagérant des traits perçus comme caractéristiques — pour voir s'établir des correspondances: poète romantique qui cède à la folie, écrivain engagé, peintre ou sculpteur cherchant la représentation parfaite de la réalité, acteur de théâtre sans le sou mais persévérant, etc. Ce qui ressort constamment est la recherche d'une forme d'absolu qui dépasse nécessairement l'individualité de l'artiste, de même que, dans notre vocabulaire, une tendance nette à privilégier les GPc sur les GPi.

La sensibilité esthétique requiert donc, comme la sensibilité éthique, un fondement dans un sentiment d'appartenance, même si celui-ci est très abstrait. Toutes deux peuvent s'exprimer à différents niveaux, correspondant à différentes entités collectives. La notion d'identités collectives à divers niveaux réfère implicitement à une forme de hiérarchie. Nous avons vu comment elle s'articulait sur le plan éthique, nous devrions pouvoir dégager les mêmes conclusions en ce qui concerne l'esthétique.

Qu'est-ce qui permet de juger de la valeur d'une œuvre d'art ou de toute autre mise en forme de la réalité? Pourquoi dit-on d'une œuvre qu'elle est «profonde»? L'une des réponses à la mode en cette fin de XXᵉ siècle règle le problème en prétendant que la question n'est pas pertinente, qu'il n'y a pas de degrés de profondeur, qu'un message publicitaire à la télé possède autant de sens qu'un chef-d'œuvre cinématographique. La culture est tout ce qui se crée, on ne devrait pas porter de jugement. Opinion facile que contredisent quelques milliers d'années de civilisation.

La réponse qu'apporte la présente théorie devrait maintenant paraître évidente au lecteur: *La profondeur d'une mise en forme se mesure principalement par la globalité de l'identité collective qu'elle exprime.*

L'esthétique d'une région, d'un groupe social restreint, la mise en forme de la vie collective d'une famille, possèdent une certaine valeur, provoquent certaines sensations, mais avant tout chez les individus concernés. Un étranger y sera normalement indifférent, à moins que d'autres niveaux plus généraux y soient également présents. Une culture nationale cependant, rejoindra potentiellement la sensibilité de tout individu qui s'identifie à cette collectivité. Les chefs-d'œuvre d'une civilisation, les ouvrages que l'on dit «classiques», sont ceux qui ont réussi à exprimer la condition humaine de façon remarquable, ce qui leur donne une valeur permanente, universellement perceptible, puisque cette condition humaine reste partout fondamentalement la même. C'est ce qui nous permet de nous retrouver dans l'art grec, malgré les millénaires qui nous séparent. Ou dans des œuvres japonaises, arabes ou hollandaises, malgré les différences de culture. Plus est importante la tension qui découle de la distance entre l'individu et l'idéal qu'il cherche à atteindre, plus l'œuvre produite, si elle réussit à concrétiser cette tension, sera signifiante.

Évidemment, la réalité est plus complexe que ces catégorisations simples. Une mise en forme peut nous atteindre à de multiples niveaux, et on réagit émotivement d'autant plus qu'elle exprime nos appartenances à des niveaux restreints comme à des niveaux plus globaux et abstraits. La hiérarchie qu'implique cette échelle «collectivités restreintes et concrètes versus collectivités globales et abstraites» ne signifie nulle-ment que les seules mises en forme qui comptent soient celles qui expriment purement l'identité humaine. Nous ne vivons pas qu'à ce niveau, ce serait plutôt le contraire. L'identité humaine constitue simplement un sommet, un idéal à viser qui surplombe les autres niveaux, chacun ayant sa raison d'être dans l'expérience individuelle.

Par ailleurs, «exprimer une identité collective» implique un ensemble de processus passablement complexe. Il ne suffit pas d'évoquer la condition humaine pour provoquer les sen-timents correspondants. L'œuvre d'art utilise des techniques, elle se place dans une continuité historique, son impact dé-pend aussi de facteurs subjectifs. Si sa «profondeur» se mesure par sa capacité à susciter des émotions, des réactions, des éblouissements, des questionnements, aux niveaux d'identifi-cation les plus fondamentaux, il n'est certes pas toujours aisé d'expliquer précisément pourquoi et comment un tel résultat est atteint. Par définition, l'irrationnel est impossible à saisir totalement par le langage.

Quoi qu'il en soit, malgré cette impossibilité — souhai-table — à saisir et à définir totalement la nature d'une mise en forme, un jugement de valeur s'avère parfaitement possi-ble — et souhaitable lui aussi.

Une telle conclusion va évidemment à l'encontre du re-lativisme esthétique radical auquel il est fait allusion plus haut. Position pas très originale, diront certains, le débat sur la culture ne suscitant pas grand-chose d'autre que, d'un côté, des thèses populistes et relativistes et, de l'autre, des thèses élitistes. La présente contribution entend seulement trouver une certaine originalité en intégrant cette question à une perspective plus large, liée à la problématique des identi-tés collectives.

Deux phénomènes qui se rapportent à cette question méritent d'être examinés plus en détail: 1. la prétention de la culture de masse à l'universalisme et 2. la tendance à réduire les productions culturelles et artistiques à une marchandise à valeur strictement commerciale.

Si la culture de masse — principalement américaine — qui envahit présentement la planète réussit si bien à traverser les frontières et à attirer les foules dans les pays industrialisés comme au Tiers-Monde, à l'Est comme à l'Ouest, c'est peut-être, pourrait-on croire, parce qu'elle exprime l'identité humaine commune de ces foules. Les différences s'effacent par l'attraction que suscite une musique, un film, un *soap opera*. Ce qu'il faut voir pourtant, c'est à quel niveau se situe cette attraction, ce que ces mises en forme contiennent qui soit commun à ces masses d'individus.

L'identité humaine étant l'une des plus abstraites et englobantes qui soient (on pourrait aussi parler de la «biosphère» comme entité collective, ou d'une collectivité «cosmique», mais limitons-nous ici au genre humain), elle exige un effort plus qu'habituel pour être développée et ressentie. Les collectivités plus concrètes, celles où les rapports personnels directs entre les membres sont généralisés (famille, groupe d'amis, etc.), s'imposent de façon plus évidente. Plus elles deviennent englobantes, plus le rôle joué par ces rapports interpersonnels est limité, moins, à l'inverse, les liens qui unissent les membres de la collectivité apparaissent comme évidents. Il est donc peu probable que l'identité humaine (ou d'autres identités abstraites) s'impose naturellement pour des masses de gens.

Comment peut-on alors expliquer l'attraction universelle de la culture de masse? Si l'on exclut qu'elle soit l'expression d'une identité collective et en particulier d'une identité qui unisse les êtres humains par-dessus toute autre forme d'appartenance, on ne peut expliquer ce succès que par l'autre facteur qui caractérise potentiellement tout individu, où qu'il se trouve: *la recherche de GPi*.

Que reproche-t-on en général à la culture de masse? Sa superficialité, les images de violence et de sexualité gratuites qu'elle véhicule, son idéalisation facile de la vie des riches et des célèbres, le fait qu'elle ne recule devant rien pour procurer les sensations fortes les plus diverses, son indifférence envers des considérations éthiques et esthétiques, etc.

L'exemple le plus évident de GPi est celui des gains matériels individuels. Il existe cependant un éventail plus large de gratifications recherchées par l'individu en tant qu'individu, sans que ses identifications collectives entrent en jeu. Au début de cet ouvrage, nous donnions comme exemples les sensations qui se rapportent au bien-être physique, à l'excitation sexuelle «brute», à la recherche individuelle de pouvoir ou à d'autres formes d'avancement individuel.

On constate facilement une parenté étroite entre les gratifications de type individuel et le contenu de la culture de masse: lorsque celle-ci n'est pas directement source de GPi, elle suscite des fantasmes, elle évoque des désirs d'obtention de GPi. Ainsi, la culture de masse n'exprime habituellement rien, elle n'a pas de *sens*, sauf parfois à un niveau extrêmement superficiel. On la consomme pour les sensations qu'elle procure dans l'immédiat et puis c'est terminé. Il s'agit de se divertir, d'alléger une réalité quotidienne difficile à supporter, non de mettre en forme cette réalité. Et alors que l'on peut chercher à *approfondir* des expériences esthétiques, on ne peut que vouloir obtenir *plus* de GPi. Il n'existe pas de hiérarchie de valeur de ce côté.

Si la culture de masse réussit si facilement à rejoindre des millions d'individus à travers le monde, c'est que les GPi, par définition, ne connaissent pas de frontières collectives, elles sont similaires chez tout individu dont les sensibilités éthique et esthétique sont trop peu développées pour l'amener à considérer d'autres types de sensations. La différence est énorme entre cette sorte d'universalisme et celle d'une culture procurant des GPc à des *êtres humains*, à des individus qui, au-delà des obstacles que constituent des appartenances plus restreintes, se rejoignent dans la mise en forme de leur humanité.

Considérons cet extrait d'un hommage à Marguerite Yourcenar, la grande écrivaine décédée en 1987:

> Dans son dernier grand ouvrage, [...] son héros Nathanaël, avant sa mort, médite sur ce qui fonde son identité d'être humain. Et, peu à peu, sa méditation se transmue en une somptueuse célébration de l'essentielle fraternité qui unit tous les êtres. Ses mots, sans aucun doute, reflètent l'ultime credo de Marguerite Yourcenar.

«Mais qui était cette personne qu'il désignait comme étant soi-même? Il ne se sentait pas, comme tant de gens, homme par opposition aux bêtes et aux arbres; plutôt frère des uns et lointain cousin des autres. Il ne se sentait pas non plus particulièrement mâle en présence du doux peuple des femelles; [...]. La coutume, plus que la nature, lui semblait marquer les différences que nous établissons entre les rangs, les habitudes et les savoirs acquis depuis l'enfance, ou les diverses manières de prier ce qu'on appelle Dieu. Même les âges, les sexes, et jusqu'aux espèces, lui paraissaient plus proches qu'on ne le croit les uns des autres: enfant ou vieillard, homme ou femme, animal ou bipède qui parle et travaille de ses mains, tous communiaient dans l'infortune et la douceur d'exister.» (*Le Monde*, 16 décembre 1988).

Il s'agit là d'un cas assez extraordinaire, celui d'une femme qui passe sa longue vie non seulement à sillonner la planète, mais aussi à tisser des liens étroits avec les civilisations passées. Une expérience exemplaire de l'appartenance humaine, mais qui ne saurait évidemment constituer un modèle pour tout le monde.

Qu'est-ce qui fait problème avec la culture de masse? Est-ce son existence même qui est déplorable? Devrait-on chercher à l'éliminer par des moyens coercitifs, comme ces associations de parents conservateurs qui veulent abolir la musique rock?

Le fait de vouloir se divertir ne présente en soi évidemment rien de nocif. Sauf dans des cas extrêmes où la culture de masse peut être liée à un comportement violent — et le débat reste ouvert: le *heavy rock* ou les émissions de télé dépeignant des scènes de violence *provoquent*-ils des comportements néfastes chez certaines personnes, ou ne font-ils que refléter une déficience dans les sensibilités dont les causes sont bien plus complexes? —, il n'y a aucune raison de croire qu'il s'agit d'un phénomène négatif. Le contraire serait plus juste.

Tout comme l'individualisme barbare, au plan éthique, a l'avantage de subvertir des comportements collectivistes trop étouffants et centrés sur une dimension collective restreinte, la culture de masse, par sa superficialité et son indifférence à l'égard du sens, sert aussi à démythifier des esthétiques qui risqueraient de s'imposer de façon trop uniforme. Tout cela permet l'instauration d'un pluralisme qui présente de nombreux avantages. La possibilité de choix individuels augmente mais aussi, potentiellement, la conscience de la valeur d'un choix plutôt que d'un autre.

Nous vivons dans une société et une civilisation où existe ce type de pluralisme. Malgré ses excès, peu d'entre nous seraient prêts à l'abandonner pour l'illusoire profondeur d'une utopie quelconque qui impliquerait nécessairement la mythification d'une identité collective particulière.

Le problème n'est pas que la culture de masse existe, mais plutôt qu'elle soit si envahissante et que des millions de gens ne connaissent rien d'autre, restent insensibles à des esthétiques plus signifiantes et ne retirent de la réalité que des sensations à ce niveau superficiel. S'il existe vraiment une hiérarchie dans la façon de mettre en forme et d'appréhender le réel, l'objectif consiste à faire en sorte qu'un nombre croissant d'individus accèdent à ces niveaux d'esthétique plus profonds. Nous reprendrons cette question dans le prochain chapitre, en parallèle avec la problématique similaire qui existe au plan de l'éthique. Occupons-nous pour l'instant d'un autre problème affectant la culture dans les sociétés modernes, qui est étroitement lié à ce que nous venons de voir.

La position strictement relativiste sur l'esthétique, celle qui rejette la possibilité d'un jugement de valeur au moins partiellement objectif et par là d'une certaine hiérarchie dans les différentes façons de mettre en forme le réel, implique que le jugement personnel de chaque individu est la seule mesure. La subjectivité est totale, une mise en forme ne possède aucune valeur intrinsèque, elle n'a que la valeur que lui accorde tel individu selon des critères et une sensibilité qui ne peuvent être discutés. En partant de ce point de vue cependant, on peut facilement en arriver à un autre qui justifie une échelle de valeur d'un tout autre ordre: est plus valable la mise en forme qui plaît à *plus* d'individus. Le glissement d'un jugement qualitatif vers un jugement quantitatif est pratiquement inévitable. Un groupe d'individus avec une sensibilité et une compréhension de la réalité limitées pourront prétendre que telle mise en forme est meilleure que telle autre et le marché, lui-même neutre par rapport à tout ceci, n'aura qu'à combler ce besoin.

L'idéologie libérale classique est fondée sur ce type d'utilitarisme, imperméable aux jugements de valeur qualitatifs. Si on l'applique de façon orthodoxe, il ne peut permettre la production d'une esthétique signifiante que si un nombre important de consommateurs, capables d'influencer l'allocation des ressources, possèdent une sensibilité plus développée et demandent des produits qui correspondent à cette sensibilité. Ce qui est rarement le cas.

Économie et culture sont deux domaines de la vie collective avec une longue tradition d'antagonisme. Pour reprendre notre vocabulaire théorique, le premier s'appuie d'abord sur la recherche de GPi et l'avancement des intérêts individuels, le second avant tout sur la recherche de GPc. Cette opposition n'existe pourtant que parce que chaque côté défend exclusivement une vision partielle de la réalité humaine.

On doit applaudir lorsqu'un musée, un théâtre ou une maison d'édition améliorent leur gestion, leur marketing, bref, réussissent à mieux «se vendre» et à rejoindre un public plus large. Cependant, la logique des «industries culturelles» (à noter comme la terminologie économique s'impose), lorsqu'elle est poussée dans ses extrêmes, aboutit à une situation où ce qui compte avant tout n'est plus le produit lui-même, son sens, sa valeur esthétique, mais plutôt sa rentabilité, comme n'importe quel autre produit sur le marché. Les produits de la culture de masse étant la plupart du temps les plus rentables, il en résulte un appauvrissement esthétique considérable.

La problématique déjà entrevue plus haut ressurgit donc. Dans la mesure où la coercition est à exclure, où le pluralisme et la liberté de choix individuel restent des valeurs à défendre, il ne reste qu'une solution: la poursuite active d'une politique favorisant le développement d'une compréhension de la réalité et de sensibilités plus profondes chez les membres du groupe. Nous y reviendrons plus loin. Quoi qu'il en soit, au plan de l'éthique comme au plan de l'esthétique, il est clair qu'un point de vue libéral orthodoxe n'offre pas les meilleures solutions.

L'analyse développée jusqu'ici prenait pour point d'appui un axe «GPi versus GPc à différents niveaux». Si l'on se reporte de nouveau au schéma général du premier chapitre, on remarque que cet axe constitue l'élément central autour duquel s'articule la réalité subjective de l'individu. Ce dernier entretient par ailleurs un certain rapport à la réalité objective, qui devrait avoir une influence sur sa façon de mettre en forme et de ressentir la réalité. Comment la compréhension et le contrôle de la réalité interagissent-ils avec l'esthétique? De façon plus concrète, comment l'individu réussit-il à concilier sa rationalité et les émotions que lui procurent des expériences esthétiques? Ces questions, comme les précédentes, touchent au cœur de la problématique culturelle de la modernité. C'est à elles que les dernières pages de ce chapitre sont consacrées.

Les caractéristiques de l'identité d'une collectivité sont, comme on l'a vu, relatives et contingentes. Une esthétique correspondant à une collectivité donnée devrait donc posséder une nature similaire. Aucun critère absolu et nécessaire ne nous permet d'affirmer que ce que les êtres humains ont créé, depuis leur apparition sur cette planète il y a trois millions d'années, *doit être ainsi*, et pas autrement. Les choix sont infinis. Le *five o'clock tea aurait pu* être un *four o'clock coffee*, et les escaliers extérieurs de façade du Plateau Mont-Royal *auraient pu* être à l'intérieur ou à l'arrière et ainsi ne pas contribuer à l'esthétique distincte de ce quartier.

Le potentiel d'une mise en forme différente, ou même d'une absence de mise en forme, doit toujours être pris en considération. Il est possible de briser des codes, de changer des techniques, de faire évoluer des styles, de créer de nouvelles façons de percevoir et de ressentir les choses; tout est valable dans la mesure où la raison d'être de l'esthétique, soit exprimer une identité collective, continue de s'appliquer.

Dans cette perspective, affirmer qu'il *faut* mettre la réalité en forme de telle manière implique la création d'un mythe.

Comme on le sait cependant, la modernité est allergique aux mythes. Démythification des identités collectives, individualisme et rationalisme sont des caractéristiques dominantes de la période contemporaine. Nous avons vu que l'un des effets de la modernité sur l'esthétique est sa tendance à dégénérer en culture de masse. Un autre effet est sa tendance à se désagréger et à disparaître, tout simplement.

Le mouvement de modernisation qui caractérise l'Occident trouve son élan dans la Renaissance et le siècle des Lumières. C'est toutefois à partir du milieu du XIXe siècle que l'optimisme scientiste et les projets utopiques deviennent très à la mode. On cherche alors systématiquement à «rationaliser» la société en toutes matières, à éliminer les façons de penser et les comportements qui semblent illogiques ou superflus. En s'engageant sur cette pente cependant, on risque d'aller très loin. À la limite, qu'est-ce qui est vraiment nécessaire dans la vie de l'être humain, au-delà de ce qui lui permet de survivre physiquement?

Le même type de raisonnement appliqué à l'esthétique implique la remise en question des codes traditionnels, et une insistance croissante sur une purification similaire. Toute mise en forme étant arbitraire, chercher à la rationaliser équivaut nécessairement à la simplifier. L'esthétique n'a pourtant pas à se justifier de façon rationnelle mais par les émotions — du domaine de l'irrationnel — qu'elle provoque. Dès que l'on prétend lui donner pertinence d'un point du vue exclusivement intellectuel, on tend à porter son attention sur la *forme* externe, visible, dont la structure est plus évidente, et non plus sur le *contenu* ou l'*effet* (la capacité de provoquer des sensations). Ceux-ci, de par leur nature, se laissent difficilement réduire à des unités d'information que l'on peut relier selon un ordre logique.

Le mouvement moderniste s'est donc surtout appliqué à expérimenter sur la forme, en cherchant continuellement à aller plus loin dans cette rationalisation puisque, comme il y a progrès du côté de la compréhension et du contrôle de la réalité, on a cru qu'il pouvait y avoir progrès aussi au niveau de sa mise en forme. Sont alors apparues les fameuses «avant-gardes».

Démythifier, simplifier, purifier, rationaliser toujours plus ce qui, au départ, n'a pas de justification rationnelle: un tel processus ne peut se développer que dans une direction bien précise, celle de la désintégration progressive de l'esthétique. Quels en sont les aboutissants? Le tableau blanc, la musique silencieuse, le poème de la page blanche, la sculpture du vide. Impossible de rationaliser plus avant, c'est le néant qui constitue le stade final d'un mouvement qui cherche à créer une esthétique pure et parfaite.

Le rationalisme orthodoxe a par ailleurs sécrété son opposé. À partir du moment où l'on démythifie et où l'on rejette les codes traditionnels, il est possible non seulement de rationaliser, mais aussi de rejeter *toute* forme de logique esthétique. La mise en forme nécessite pourtant, même de façon arbitraire, une *certaine* logique. Pour que les escaliers du Plateau Mont-Royal soient perçus comme ayant un sens, il faut que la plupart des maisons de ce quartier en possèdent un. Tout en étant conscient qu'une mise en forme pourrait être autre, il est aussi nécessaire d'accepter le fait *qu'elle soit cela*, et qu'elle est valable *parce qu'elle est cela*. Rejeter tous les codes, toutes les logiques, cela aussi mène à une cassure du lien entre l'identité collective et sa mise en forme. Il devient possible, en fin de compte, de mettre en forme n'importe quoi. Non pas n'importe quelle identité collective, mais bien n'importe quoi. C'est encore uniquement la forme qui importe et elle ne trouve plus de sens hors d'elle-même, elle cesse d'être le support d'un message[1] pour devenir une fin en soi. On amasse des bruits, ou des mots, ou des images, ou des objets quelconques, on les met ensemble et voilà, on a une mise en forme. Elle n'a aucun sens, n'exprime rien, même pas l'absence de sens, ne procure ni GPc ni GPi, mais cela importe peu dès lors que l'on rejette toute logique, même arbitraire, en ce qui concerne l'esthétique.

Rationalisme et anti-rationalisme orthodoxes engendrent tous deux un formalisme qui tue l'esthétique, parce

---

1. Non pas dans le sens moralisateur d'une «œuvre à message», mais plutôt dans le sens d'un processus de communication, de la transmission d'une information, quelle qu'elle soit.

qu'il nie tout simplement sa raison d'être: provoquer des sensations, des émotions, en mettant en forme une identification collective.

Le contrôle de la réalité joue lui aussi un rôle primordial dans la modernité, en parallèle avec l'augmentation du savoir. À un point tel que les développements économiques et technologiques sont devenus pour plusieurs une fin en soi, sans rapport avec leurs effets sur la vie des citoyens.

On peut facilement observer ce qui se produit lorsque l'esthétique doit s'adapter à un tel contexte. Les formes d'art ayant pour support des objets utilitaires — l'architecture étant l'exemple le plus évident — voient leur autonomie s'effriter et doivent de plus en plus se plier à des exigences fonctionnelles ou de rentabilité. Le côté esthétique de l'objet, arbitraire et donc, dans un certain sens, gratuit, finit par être considéré comme superflu.

Encore une fois, poussée à l'extrême, une telle logique finit par évacuer tout à fait l'esthétique. Est-il besoin d'évoquer ces tours grises et mornes, sans personnalité aucune, rentables et fonctionnelles, qui défigurent toutes les villes du monde? Et ces tristes banlieues-dortoirs aux rangées de maisons interchangeables où la culture, les échanges entre citoyens, bref, le sens même de la vie en société ont presque disparu?

Cette tendance du modernisme à organiser la vie humaine de façon trop parfaitement rationnelle a soumis l'esthétique à des critères de jugement qui ne pouvaient mener qu'à son appauvrissement. Il suffit de voir comment les périodes de modernisation rapide, comme la Révolution tranquille au Québec, peuvent être dévastatrices à certains égards. L'euphorie provoquée par l'augmentation rapide du contrôle et de la compréhension de la réalité, de même que par la démythification soudaine de l'idéologie traditionnelle et de tous les éléments de la vie sociale qui lui sont associés, amène une insensibilité générale à l'égard des esthétiques des périodes précédentes. On les perçoit comme des restants d'une réalité arriérée, dépassée. On les méprise. On semble incapable de les réintégrer dans un contexte culturel élargi, pluraliste. Les années soixante ont ainsi vu la destruction d'une partie importante du patrimoine architectural montréalais, voire de quartiers entiers, pour faire place à ces tours informes ou à des autoroutes.

Le bilan est-il universellement négatif? Non, évidemment. Les mouvements qui viennent d'être évoqués ont, en cours de route, avant d'aboutir à la désintégration inévitable du sens, maintes fois réussi à mettre la réalité en forme de façon signifiante.

Par ailleurs, notre réalité vécue s'est effectivement rationalisée durant cette période et il est tout à fait approprié d'être plus sensible à l'esthétique d'un gratte-ciel aux lignes pures et élégantes qu'à celle d'un palais baroque. Les meilleures œuvres du modernisme sont celles, justement, qui ont réussi à mettre en forme l'idée de rationalité, qui constitue tout de même elle aussi une caractéristique humaine fondamentale, de même que celles qui ont pu exprimer ses antithèses ou compléments que sont l'irrationalité, la folie, l'inconscient, l'imaginaire ou la surréalité.

Il ne s'agit donc pas de retourner en arrière mais de voir comment il est possible de redonner à l'esthétique sa fonction première, celle de créer un lien émotif entre l'être humain et son monde. Dans la mesure où l'évolution moderniste menait à un cul-de-sac, il devenait nécessaire de changer de voie. Cette réaction est venue avec ce qu'il est convenu d'appeler le «post-modernisme», depuis les années soixante-dix.

Comme on le sait, ce mouvement ne fait pas l'unanimité. Dans la perspective de la présente théorie, il apparaît toutefois comme un développement positif, sous certaines réserves. On pourrait définir le post-modernisme comme l'acceptation du fait que toute esthétique est nécessairement fondée sur des caractéristiques arbitraires, qu'elle est nécessairement imparfaite, et que son but n'est pas de se conformer à des normes mythiques, rationnelles ou fonctionnelles mais de provoquer des sensations. L'épuration continuelle menant nécessairement en bout de ligne au néant, il faut donc réintégrer codes et signes condamnés par les avant-gardes du modernisme. De là évidemment l'impression de retour en arrière et les dénonciations d'un mouvement jugé réactionnaire par certains.

Cette idée de retour en arrière n'a cependant de sens que si l'on se situe dans un schème de pensée où l'écoulement du temps est signe inéluctable de progrès. Or, si l'on peut parler de progrès en ce qui a trait au contrôle et à la compréhension de la réalité, le côté subjectif de l'expérience humaine, lui, ne se prête pas nécessairement à ce genre de qualification. Malgré une évolution certaine, les données de base de la condition humaine n'ont pas tant changé depuis quelques millénaires. Nous pouvons jouir d'arts anciens et ces quelques milliers d'années de civilisation ne nous ont pas donné de recette magique pour mettre en forme notre réalité de façon plus signifiante. Les connaissances peuvent s'accumuler, les mises en forme, elles, sont toujours à refaire, aussi longtemps que nous avons quelque chose à exprimer.

La réinstauration du sens dans l'esthétique ne constitue donc aucunement un retour en arrière mais simplement la reprise d'un lien qu'il n'était pas opportun de sectionner. Ainsi, la peinture figurative par exemple, ne devrait plus jamais être considérée comme une mise en forme dépassée, du moins aussi longtemps que nous aurons des réalités corporelles à exprimer!

Ce qu'il s'avère plutôt nécessaire de condamner, c'est la facilité dans laquelle s'enlise une bonne partie de la production dite post-moderne. Il ne suffit pas de planter une colonne grecque à gauche et des guirlandes à droite pour créer une œuvre signifiante. On peut bien se replacer dans une continuité historique, mais les pastiches de styles anciens ne correspondent pas nécessairement à la réalité et à la sensibilité d'aujourd'hui. C'est d'abord le lien avec les émotions qu'il faut retrouver et les exigences de profondeur, telles que nous les avons définies dans les premières pages de ce chapitre, continuent toujours de s'appliquer.

CHAPITRE V

Équilibre et profondeur

L'une des questions fondamentales qui suscitent débats et polémiques en philosophie et en sciences humaines concerne la nature du lien social et la place de l'individu au sein de la collectivité. Même les idées les plus simples ou celles qui semblent les plus étrangères à ce problème impliquent généralement une position implicite à ce sujet, que l'on prend rarement la peine de justifier.

Peut-on, par exemple, affirmer que la société existe *sui generis*, en elle-même, abstraction faite des individus qui la composent? La sociologie depuis Durkheim accepte généralement cette prémisse. Les économistes libéraux, à l'opposé, s'appuient sur une méthodologie individualiste où, à la limite, le collectif n'existe même pas. La collectivité est-elle source de corruption, de conflits et de dépersonnalisation ou constitue-t-elle au contraire l'environnement nécessaire au développement des capacités individuelles? L'individu doit-il trouver sa raison d'être en lui-même? Le bien commun surgit-il lorsque chacun veille à ses propres intérêts limités ou lorsqu'il tient compte de l'intérêt d'autrui? Pourquoi le ferait-il? Voilà toute une série de questions dont découlent des comportements personnels comme des choix politiques, et sur lesquelles n'existe aucun consensus.

Les nationalistes considèrent ainsi la nation ou le peuple comme une entité «naturelle» caractérisée par une personnalité collective bien définie et jouissant d'un niveau d'existence qui lui est propre. À la limite, on rejoint presque le mysticisme: la nation aurait littéralement une âme, une conscience, une volonté, et la mission du citoyen patriotique serait d'agir et de vivre en concordance avec les préceptes de la destinée nationale.

Si l'on accepte les prémisses mises de l'avant au début de ce livre, il ne saurait pourtant être question de l'existence d'une collectivité que l'on pourrait analyser comme une «chose» existant en soi, abstraction faite des individus qui la composent. Les collectivités n'existent pas de façon objective, extérieure aux sujets. Elles résultent d'un ensemble de relations qui n'existent que parce que des individus, pour de multiples raisons, *croient* former une collectivité et agissent en conséquence.

Parce que l'identification à la collectivité est un phénomène subjectif, nous avons vu que l'identité de la collectivité (son contenu et ses limites) est impossible à définir de façon parfaitement objective. Même les phénomènes par lesquels un individu est socialisé, acculturé, influencé ou subit des pressions coercitives, ne constituent aucunement la preuve qu'il existe une entité sociale en soi avec laquelle cet individu entre en contact. Ces phénomènes peuvent être ramenés aux décisions et comportements d'autres membres du groupe qui agissent eux aussi sous l'impulsion d'un certain nombre de motivations, dont la motivation collectiviste, et qui prennent donc en compte l'existence d'un espace collectif *d'abord conçu et ressenti dans leur propre conscience*. C'est avec ces autres membres du groupe que l'individu entre en contact, non avec une entité sociale qui les dépasserait.

Ce concept de société vue comme un tout autonome pose d'ailleurs problème d'une autre façon. Il réfère généralement à la société dite «nationale», entité éminemment floue et difficile à définir dans plusieurs cas, mais qui s'est imposée comme niveau de référence obligé avec la consolidation des États nationaux européens au siècle dernier.

Parler de «la société» comme d'une entité générale implique pourtant un choix nécessaire quant à sa définition. À quelle société fait-on par exemple référence lorsqu'on tente d'analyser l'intégration sociale d'un Bruxellois néerlandophone? À la société flamande, qui constitue de toute évidence une entité culturelle distincte au sein de la Belgique? Ou à la société belge dans son ensemble, ce qui serait aussi pertinent vu l'environnement biculturel dans lequel se trouve notre personnage dans la capitale? Impossible de faire un choix objectif, dénué de considérations idéologiques.

Qui plus est, d'autres entités collectives doivent être prises en compte qui, sans être communément définies comme des nations, n'en présentent pas moins certaines caractéristiques les apparentant à des «sociétés». Ainsi, Bruxelles même apparaît comme une mini-société au sein de la Belgique, notamment par son statut de région qui en fait une entité fédérée, au même titre qu'une province canadienne. C'est, de surcroît, la seule région officiellement bilingue de la Belgique. On pourrait de même parler d'une société «grand-néerlandaise», unissant les Pays-Bas et la Flandre. Il s'agit pour l'instant d'un idéal partagé par une minorité bien plus que d'un fait réel mais, les liens linguistiques ayant l'importance que l'on sait, il n'est pas exclu que ce niveau collectif devienne plus pertinent dans l'avenir. Enfin, l'idée d'une société européenne se concrétise d'année en année et n'est pas plus farfelue — surtout à Bruxelles, capitale de l'Europe — que celle de la société indienne, l'Inde étant tout autant sinon plus variée, aux plans linguistique, culturel, religieux ou ethnique, que l'Europe.

Il s'agit là d'un exemple typique où «la société» se laisse circonscrire de multiples façons, sans qu'une seule ne puisse s'imposer définitivement. De plus, tel que l'individu le vit, le rapport social implique des niveaux d'identification plus concrets, intra-nationaux — si l'on arrive à définir la nation —, et d'autres qui transcendent ces frontières. La société ne peut alors être vue que comme un *espace collectif*, généralement défini de façon géographique, correspondant à un niveau d'identité principal où s'entrecroisent d'autres niveaux d'identité. Il ne peut être question d'une substance collective totale et unifiée. Une telle conception ne fait que masquer une réalité — des réalités — beaucoup plus complexe. La définition de l'étendue de cet espace ne peut être qu'arbitraire, comme celle de toute autre entité collective. De la même façon que l'économie, la politique et la culture ont quitté le domaine exclusif des États nationaux pour s'appliquer à des entités plus variées, «la société» devrait pouvoir éclater en ses multiples niveaux, sous la pression démythificatrice de la modernité.

Si l'approche théorique développée ici place donc résolument le sujet autonome au centre de l'analyse, un sujet influencé mais non déterminé par l'environnement collectif dans lequel il se trouve, elle rejette cependant l'individualisme radical et le rationalisme étroit qu'on retrouve chez certains libéraux orthodoxes. Les comportements jugés collectivistes sont parfaitement rationnels et conséquents dans la mesure où l'individu, en s'identifiant à une entité collective, considère jusqu'à un certain point le bien-être de ses membres comme son propre bien-être. Il n'existe aucune raison pour que la poursuite d'intérêts individuels strictement définis, notamment économiques, soit la source de toute motivation chez l'individu. L'argent n'est pas une fin, il n'est qu'un moyen d'échange servant à obtenir divers types de gratifications et un certain contrôle de la réalité. De nombreuses autres gratifications s'acquièrent sans utiliser ce moyen. Dépeindre l'individu comme un robot dénué d'émotion et cherchant uniquement à enrichir son compte en banque relève certainement d'une observation sélective du comportement humain.

Ce qui apparaît négatif dans le phénomène du collectivisme ne se situe pas dans sa nature même mais provient plutôt de la mythification d'une identité collective particulière. Rejeter toute forme de collectivisme pour éviter cet écueil mène cependant à un autre extrême: celui où la recherche exclusive de GPi, sans le contrepoids de sensibilités éthique et esthétique, gouverne le comportement de l'individu. Chez certains membres de la collectivité, il advient alors qu'un désir sain de satisfactions sexuelles et émotives dégénère, dans des cas extrêmes, en comportement violent et obsessif; qu'un besoin légitime de confort matériel se transforme en volonté de possession qui justifie le matérialisme et l'utilitarisme comme buts ultimes de l'existence; que l'ambition de la réussite personnelle devienne de l'égoïsme exacerbé qui ne recule plus devant la fraude, la corruption ou le vol pour atteindre ses fins; qu'un besoin de divertissement tourne en recherche effrénée de sensations plus ou moins abrutissantes offertes par la culture de masse ou par des drogues; etc.

La vision présentée ici vise à préserver les avantages éthiques et esthétiques des identifications collectives tout en rejetant les excès d'un collectivisme mythifié, de même qu'à conserver les valeurs de pluralisme, de rationalisme et d'individualisme, sans qu'elles conduisent à l'individualisme barbare. Cette vision repose sur deux exigences: d'abord la recherche d'un *équilibre* entre les différents types de motivations collectivistes liés à divers niveaux d'identités collectives et entre ceux-ci et la motivation individualiste; ensuite, la recherche de *profondeur*, dictée par la condition que plus l'entité collective est abstraite et englobante, plus les sensibilités éthiques et esthétiques correspondantes sont susceptibles d'accéder à des réalités porteuses de sens.

La décennie quatre-vingt a montré que le processus de démythification des idéologies collectivistes dans les sociétés occidentales est arrivé à un point où il serait difficile d'imaginer que de nouveaux totalitarismes puissent reprendre le devant de la scène. Il subsiste bien ici et là des poches de résistance traditionalistes, marxistes ou néo-fascistes, mais le libéralisme et l'économie de marché se sont imposés partout, souvent sous l'impulsion de gouvernements censément socialistes (cf. la France, l'Espagne, l'Australie, la Nouvelle-Zélande). Dans le reste du monde, on assiste à la désintégration de l'édifice marxiste. Les dictatures ont partout tendance à laisser place à des régimes plus libéraux et ce sont bien plus des difficultés économiques que des idéologies collectivistes qui déstabilisent les nouvelles démocraties.

C'est plutôt l'avènement de la société de masse qui menace les exigences d'équilibre et de profondeur. Dans un monde qui évolue très rapidement, les mythes collectifs traditionnels s'effondrent avant que de nouvelles sensibilités éthique et esthétique aient pu se développer dans toutes les couches de la population et soutenir un nouvel ordre social stable. Les «masses» (le terme évoque un cortège d'individus indifférenciés) réclament des GPi pour combler ce vide relatif au plan des identifications collectives et sont facilement réceptives à un discours populiste lorsque le système économique ne réussit pas à combler ces attentes.

On peut comprendre pourquoi dans un tel contexte l'individualisme se conjugue, paradoxalement, avec l'uniformisation des goûts, la généralisation de modes superficielles et une certaine intolérance envers le fait minoritaire. À cause de leurs sensibilités déficientes et de leur compréhension peu élevée de la réalité, les individualistes barbares sont difficilement capables de discernement et passablement faciles à influencer. Le conformisme qui existait dans un contexte collectiviste mythifié se reproduit ici sous une nouvelle forme. Ce n'est plus un discours idéologique mettant l'accent sur le *Nous* qui permet maintenant de le renforcer, mais plutôt une culture de masse prodiguant des GPi identiques pour tout le monde.

L'objectif principal consiste donc à rétablir l'équilibre en faveur d'identités collectives non mythifiées. Nous nous retrouvons devant le problème entrevu dans les chapitres précédents: *comment faire accéder le plus grand nombre possible d'individus à des sensibilités éthiques et esthétiques plus élevées?* Les ébauches de réponses offertes ici ne peuvent être développées que de façon très générale mais trouveront quand même, espérons-le, une certaine pertinence par l'utilisation de concepts qui les relient à l'ensemble de la théorie.

Revenons d'abord à l'une des prémisses de cette théorie: la réalité est une, tous les éléments qui la composent sont reliés, d'une façon ou d'une autre. Au début de l'aventure terrestre était une boule de gaz, au début — s'il est possible de parler de début — de l'aventure universelle était, croit-on, le «big bang»... Tout ce qui s'est produit depuis, tout ce qui existe à l'heure actuelle, découle donc d'un point d'origine commun.

Cette constatation nous a permis de rejeter les prétentions à l'altérité absolue des idéologies collectivistes. S'il est possible de donner un fondement unitaire à l'univers tout entier, on voit mal comment certaines caractéristiques raciales, nationales, religieuses, sexuelles, de classe ou autres, pourraient justifier l'existence de divisions incontournables au sein même de l'espèce humaine.

Comprendre la réalité signifie faire les liens entre des unités d'information interdépendantes, disposer le plus de morceaux possibles du puzzle, de la façon la mieux appropriée, pour obtenir une image qui corresponde le plus justement à la réalité. Pour aller un peu plus loin, comprendre la réalité implique alors aussi *prendre conscience du fait que nous sommes nous-mêmes liés à toute la réalité, de multiples façons, par de multiples liens.* Cette réalité «extérieure», qu'elle soit sociale, physique, politique ou géographique, n'est extérieure que du point de vue de l'observateur. Il s'agit d'une situation que l'on peut certes conceptualiser mais qui ne nous retire pas pour autant *réellement* du monde, en tant que sujets pensants et sensibles.

C'est un cliché de dire que la pensée occidentale a tendance à se diviser entre les deux façons d'aborder le monde, comprendre et ressentir, entre la tête rationnelle et le cœur émotif. La division, encore là, est artificielle. Nous n'avons qu'un esprit, lié à un corps, et tous les phénomènes qui s'y produisent ont des effets les uns sur les autres. La proposition qui suit repose explicitement sur cette interdépendance: la compréhension de la réalité, en provoquant une prise de conscience des liens qui unissent les différents aspects de la réalité entre eux et le sujet à ces réalités, agit comme le support de sentiments d'appartenance qui correspondent à ces liens objectifs.

De la même façon qu'elle peut amener l'individu à démythifier une identité collective particulière, une compréhension de la réalité plus élevée peut l'amener à en développer de nouvelles. Le paysan médiéval qui ne connaît que son champ, ses bêtes, sa famille et son village, développe des sentiments d'appartenance qui correspondent à ces réalités immédiates; le citadin moderne ayant accès à un flot inépuisable d'information sur la réalité planétaire, et même au-delà, *se sent* inévitablement intégré à un monde plus large. Une compréhension de la réalité plus élevée permet de conceptualiser ces identités collectives plus abstraites, plus englobantes, qui ne reposent pas sur des interactions directes et concrètes entre les membres du groupe.

On constate donc de nouveau qu'il existe un lien direct entre notre compréhension de la réalité et la façon dont nous nous identifions, nos sensibilités et les types de biens individuels et collectifs que nous cherchons à obtenir. Cette constatation renvoie à la problématique, si fondamentale dans la modernité, du rôle de l'éducation et de l'acquisition des connaissances dans le développement personnel.

S'il est vrai que la quantité énorme d'information qui circule dans nos sociétés ouvre les portes à des réalités plus globales, plus souvent qu'autrement, le citoyen ordinaire se sent toutefois impuissant à lier entre elles ces diverses perspectives sur le monde dans une vision cohérente et signifiante. L'information devient en fait si abondante que la confusion finit par s'installer et la compréhension diminue parfois au lieu d'augmenter. Posséder une montagne de morceaux de puzzle ne nous dit rien de l'image qu'ils sont censés représenter, même si le potentiel est présent.

Le défi que pose la spécialisation du savoir est de même nature. Une spécialisation à outrance fait en sorte de couper ou d'occulter les liens entre le domaine spécialisé et le reste de la réalité. Pour reprendre encore une fois la métaphore du puzzle, on se préoccupe alors d'un seul morceau, on le divise en morceaux plus petits encore, on finit par tout savoir sur celui-ci, mais on perd contact avec le reste de l'image. Le domaine spécialisé devient une entité close ayant sa propre logique interne, son jargon connu et compris de ses seuls initiés. On ne cherche plus à théoriser sur la réalité, mais on théorise plutôt sur d'autres théories dans le même domaine. On se retrouve la plupart du temps avec des analyses extrêmement simplistes, ne prenant en compte que quelques aspects ou variables d'un phénomène, mais qui sont tout de même, paradoxalement, incompréhensibles pour le profane. La réalité apparaît pourtant beaucoup plus *complexe*, mais aussi beaucoup moins *compliquée* que ce que nous communiquent ces approches.

Comment ne pas reconnaître ici le problème de l'université contemporaine, où la compartimentation est devenue tellement absurde que des chapelles s'affrontent au sein de branches spécialisées de certaines disciplines, qui elles-mêmes ne sont que des divisions de la famille des sciences humaines, sans compter l'isolement de celles-ci par rapport aux sciences pures et aux autres domaines du savoir? Les professeurs de sociologie ignorent la philosophie, ceux de science politique restent indifférents à la psychologie parce qu'on n'y fabule pas sur les «intérêts économiques», et ceux d'économie croient évidemment que des préoccupations esthétiques sont à des années-lumière des choses sérieuses sur lesquelles ils travaillent.

Devant la croissance exponentielle de la quantité d'information et la spécialisation de plus en plus poussée des disciplines, la seule façon de ne pas se noyer, intellectuellement, dans cette mer de morceaux de puzzle est de développer une approche générale, des lois qui peuvent s'appliquer à plusieurs niveaux et dans des domaines divers, une vision synthétique qui permettrait de savoir au moins dans quel coin de l'image le morceau a des chances de trouver sa place. Un nouveau paradigme qui met l'accent sur la complexité du réel est élaboré depuis quelques années de façon parallèle dans des disciplines diverses, aussi bien en philosophie qu'en sciences pures et humaines. Il pourrait devenir dans les décennies qui viennent l'approche globale qui permettra de surmonter les blocages intellectuels de notre époque.

Tout ce qui précède pourrait laisser croire que seuls les gens éduqués, informés, rationnels, peuvent développer des identités collectives abstraites et des sensibilités élevées. Et pourtant, le sentiment d'appartenance ne repose pas nécessairement sur une compréhension très approfondie de la réalité collective en question. On peut se sentir «être humain» sans avoir parcouru les cinq continents, ou prendre conscience, devant une nuit étoilée, des liens qui nous unissent à tout l'univers, sans le support de connaissances en astrophysique et en biochimie.

La sensibilité a des secrets qui nous échappent. Pourquoi tel artiste réussit-il sans grande difficulté à peindre un tableau émouvant alors qu'un autre, malgré des efforts considérables, ne produit qu'une œuvre médiocre? Il est clair que des différences existent, quelles que soient leurs origines, en ce qui concerne les sensibilités de chacun, indépendamment de leur compréhension de la réalité (comme il en existe sur le plan de la capacité de raisonnement, de mémoire ou d'observation). Nous cherchons toutefois, ici, un moyen d'influencer la population en général, les sensibilités de tout le monde.

Puisqu'on ne peut modifier directement les sensibilités, la meilleure façon consiste à prendre des mesures appropriées pour influencer, de façon positive, la compréhension de la réalité des individus et leur attachement aux entités collectives les plus pertinentes dans un contexte donné. Entre le laisser-faire individualiste et l'imposition de normes collectives existe une troisième voie, qui suggère de miser d'abord et avant tout sur l'*intelligence* des citoyens. Cette vision ne remet aucunement en question l'existence et le fonctionnement du «marché» des idées, des gratifications et des comportements qui caractérisent le pluralisme démocratique. Tout au contraire, celui-ci est indispensable à sa réalisation. Elle ajoute toutefois quelque chose de plus. Elle vise à orienter la production de certains biens collectifs (dans la mesure où l'on accepte que la civilisation n'est pas n'importe quoi) en cherchant activement à influencer le choix du consommateur lui-même, et cela par des moyens culturels et intellectuels.

La démocratie, en laissant aux citoyens la responsabilité ultime des choix à faire quant à la direction politique de la Cité, se fonde nécessairement sur un minimum de sagesse de leur part. Un système démocratique ne pourrait survivre longtemps dans un contexte où s'affronteraient des populations ignorantes, des groupes d'intérêts corporatistes et des mouvements collectivistes extrémistes. Les exemples ne manquent pas dans le monde et à travers l'histoire pour illustrer cette proposition.

Nos gouvernements essaient depuis des années de redéfinir leur rôle. Au lieu de gaspiller les fonds publics en essayant de gérer l'économie à la place du secteur privé, politiciens et bureaucrates devraient plutôt se concentrer sur ce qu'ils peuvent faire mieux que celui-ci: créer et maintenir un contexte global où des individus autonomes et responsables feront des choix et agiront de façon plus éclairée. Investir dans l'éducation et la formation, dans la recherche et le développement, dans les communications, les arts et la culture, c'est investir dans la société tout entière, selon une logique qui n'implique pas nécessairement de profits immédiats mais qui est porteuse de sens à plus long terme. Le choix est politique. De tout temps, c'est la conjonction d'idéaux éthiques et esthétiques et des moyens intellectuels et physiques pour les concrétiser qui a amené le développement de la civilisation.

Les exigences d'équilibre et de profondeur obligent au réalisme. Elles impliquent que la réalité humaine est en constante évolution (sous l'effet, notamment, de changements dans la compréhension et le contrôle de la réalité), et qu'il ne saurait exister un ordre parfait où les potentialités humaines auraient atteint leur plénitude. Des identités collectives s'effritent et disparaissent à toute époque, d'autres naissent qui deviennent le fondement de nouvelles sensibilités éthiques et esthétiques, de nouvelles mises en pratique et mises en forme des sentiments d'appartenance et aussi, inévitablement, de nouvelles mythifications. Si la réalité humaine est continuellement en mouvement, il y aura toujours des rééquilibrages à opérer, et la profondeur restera toujours un idéal difficile à atteindre.

Les tendances actuelles dans le monde semblent jouer en faveur de l'individualisme barbare. À court terme, le développement des sciences et des technologies paraît malheureusement plus propice à la destruction des mythes collectifs traditionnels qu'à l'élaboration de nouvelles sensibilités, sauf chez une minorité. La culture de masse continue d'uniformiser la planète. Une partie importante de la population, ne trouvant aucune source de motivation dans les discours

collectivistes qui cherchent à la manipuler ni dans ceux de libéraux sans vision d'avenir qui lui offrent un bonheur insipide,
finit pas se désintéresser de la chose publique. Incapables
d'affronter sans désarroi le «vide existentiel» caractéristique
de l'époque moderne, plusieurs choisissent le suicide, cherchent un refuge illusoire dans le passé, dans les sectes religieuses ou autres, sombrent dans la délinquance, ou se re-
plient dans une sorte d'indifférence et de cynisme apathique
à l'égard du monde.

Si les tenants des visions collectivistes professant des
idéaux éthiques et esthétiques ne se réconcilient pas avec la
réalité en rejetant les mythifications et les utopies, les deux
positions, individualisme et collectivisme, vont continuer à
s'éloigner. On se plaît par ailleurs à imaginer des milieux
d'affaires plus portés à fonder leurs vues libérales sur une
identité humaine, sur un individualisme humaniste, plutôt
que sur l'individualisme barbare qui domine actuellement.

Les choix politiques ne doivent plus être faits entre les
catégories périmées de gauche et de droite, de collectivisme
et d'individualisme strictement définis. Ce que les pages qui
précèdent ont voulu démontrer, c'est que nous devons choisir
entre, d'un côté, le développement équilibré des aspirations
individuelles et des identités collectives, des sensibilités
éthique et esthétique, bref, de la civilisation, et de l'autre, l'individualisme barbare, la culture de masse, l'utilitarisme à
courte vue et les totalitarismes de tout acabit.

TROISIÈME PARTIE

La «question nationale» québécoise

CHAPITRE VI

Aménager les espaces collectifs

Si nous vivions sur une petite planète peu peuplée, où tous partageraient une même langue, des comportements semblables, une seule identité collective principale, il serait facile de développer une appartenance à l'humanité et des sensibilités humanistes. La distance entre les différents niveaux d'identité, abstraits et concrets, englobants et restreints, serait probablement minime et sans conséquence. Mais le monde est ainsi fait que la géographie et l'histoire ont créé des divisions entre les êtres humains, ont créé des *espaces collectifs* où l'humanité se vit différemment.

Ces espaces ont pris, et prennent encore, des formes variées: empires, royaumes, fiefs, comtés, régions, villes, tribus, quartiers, provinces, etc. Les divisions qui prédominent actuellement sont celles des États nationaux. On sait cependant que la plupart d'entre eux ne contiennent pas des populations homogènes et que les divisions intra-nationales gardent en plusieurs endroits leur pertinence. De même, des entités supranationales (Europe, monde arabe, francophonie, Commonwealth, Église catholique, etc.) soutiennent des niveaux d'identité qui dépassent celui de l'État-nation.

Si l'identité humaine est un sommet à atteindre, le garant de la profondeur au plan esthétique et une voie vers une plus grande justice et moins de conflits au plan éthique, on est alors en droit, théoriquement du moins, de se poser ces questions: ne vaudrait-il pas mieux viser à unifier l'humanité, à éliminer le plus possible ces espaces, ces identités intermédiaires qui la divisent? Ne devrait-on pas chercher à créer un «village global» non seulement au niveau des communications mais à tout point de vue?

Ces divisions présentent néanmoins un avantage évident: celui de permettre une variété de mises en forme de la réalité humaine, de favoriser le développement de la civilisation en de multiples endroits et de multiples manières.

Si l'humanité était parfaitement unifiée, si toutes les identités intermédiaires disparaissaient pour ne laisser la place qu'à une seule identité collective, la civilisation risquerait de ne se développer qu'à un endroit. Pour une raison ou une autre, une ville dans le monde aurait certains avantages comparatifs. Des individus de partout ailleurs, attirés par ces avantages et désireux d'obtenir des GPc et GPi plus facilement disponibles, choisiraient d'aller y vivre. Cela accentuerait encore plus son dynamisme, sa supériorité et son pouvoir d'attraction. Une esthétique y serait développée qui, mettant en forme la réalité collective de toute l'humanité, serait adoptée partout ailleurs, puisqu'aucun sentiment d'appartenance à une autre collectivité ne viendrait s'interposer. On ne cherche en effet à créer autre chose que si l'on a autre chose à exprimer, ou si l'on veut exprimer les mêmes réalités abstraites mais en les adaptant à des façons concrètes de les vivre qui sont différentes. Le sentiment amoureux, par exemple, se reconnaît et s'apprécie dans toutes les littératures même si chaque civilisation, chaque époque, le met en forme de façon différente.

Ce scénario n'est pas tout à fait imaginaire. On peut constater de pareils développements, à une échelle plus réduite, en France par exemple, avec la position hégémonique qu'occupe Paris. Le centralisme de l'État français, le mythe révolutionnaire de la France «unie et indivisible», ont fait en sorte d'imposer un dialecte régional (le français) comme langue commune, de détruire graduellement les identités de petits pays qui sont devenus des «régions» françaises, d'attirer une proportion démesurée des ressources humaines de tout le territoire vers la capitale pour faire de cette ville la source de presque toute l'esthétique française non folklorique, alors qu'elle compte pour moins de 20 p. 100 de la population. La gloire universelle de la Ville-Lumière s'est faite, d'une certaine façon, sur le dos du reste du territoire sur lequel s'étend son hégémonie.

De la même façon, de nombreux États américains dont la population s'élève à plusieurs millions de personnes produisent surtout une culture «régionale», qui intéresse d'abord les habitants de ces États. Ces populations n'ayant pas d'identité collective locale particulièrement forte et distincte à mettre en forme et se considérant d'abord comme faisant partie de l'espace américain, elles acceptent et adoptent sans problème l'esthétique créée à New York ou à Los Angeles.

La question ne concerne pas seulement le côté culturel, la mise en forme d'une identification collective, mais aussi sa mise en pratique, sa dimension éthique. Le problème de la «fuite des cerveaux» par exemple peut s'expliquer de façon similaire.

Des scientifiques de pays moins développés sont attirés par les meilleures opportunités d'emploi, les meilleures conditions de travail et les meilleurs salaires disponibles dans un pays plus développé. Les avantages offerts consistant surtout en GPi additionnelles, la motivation à émigrer est donc une motivation individualiste.

Toutefois, on peut supposer que si une personne est le moindrement patriote, elle choisira de rester dans son pays si les conditions qui lui sont offertes sont plus ou moins semblables. En préférant contribuer au développement scientifique de son pays (que l'on peut considérer comme un bien collectif pour ses habitants), ce chercheur éprouve une certaine motivation collectiviste à y rester, et donc à ne pas émigrer. Logiquement, il choisira l'émigration à partir du moment où les GPi additionelles promises par la «fuite» seront plus valorisées que les GPc qu'il obtient à travailler dans son propre pays. S'il s'identifie assez peu à celui-ci, il ne suffira que d'un léger avantage comparatif dans l'autre pays, au plan des conditions offertes, pour le faire fuir. S'il y est au contraire fortement attaché, cet avantage devra être beaucoup plus substantiel.

Le problème des régions stagnantes qui se vident de leur population et qui doivent être entretenues, économiquement et culturellement, par les régions centrales découle de la même logique. On pourrait l'expliquer en partie par une insuffisance dans le développement d'identités locales assez fortes pour susciter les sensibilités et les motivations collectivistes qui feraient contrepoids à la force d'attraction du centre. Les moyens utilisés pour remédier à cette insuffisance ressemblent parfois à de véritables thérapies collectives[1].

L'existence d'espaces multiples, où le développement de la civilisation se fonde sur des identités collectives concurrentes et complémentaires, est donc un élément positif. Dans la mesure où ces identités intermédiaires ne sont pas mythifiées, où des échanges ont lieu entre les différents espaces, il n'y a pas *a priori* de contradiction entre la présence de divisions et la primauté de l'identité humaine.

Si l'on ne tenait compte que de cette seule observation, on pourrait en venir à conclure que chaque région, chaque

---

1. L'expérience de la petite région rurale de Jodoigne, en Belgique, illustre de façon originale et explicite cette approche que l'on pourrait qualifier de «culturaliste». Deux groupes communautaires de cette région ont décidé d'agir sur l'identité régionale pour mettre fin au déclin économique, culturel et démographique qui l'afflige. Pour eux, cette sclérose ne peut se guérir uniquement à l'aide de subventions et de programmes de relance économique. Au contraire, «il faut arriver à remplacer cette attitude défensive par la constitution d'une identité offensive [qui] servira de base à une nouvelle dynamique de développement régional».

Ces groupes ont donc organisé des activités de type culturel dans le but de changer l'image négative que les habitants de Jodoigne ont de leur région, ainsi que le fatalisme, la perte de confiance en soi et le sentiment d'impuissance face à l'ailleurs qui l'accompagnent. Entre autres activités, des portraitistes ambulants ont peint le portrait des gens de la région, une «exposition-spectacle» en fera la tournée et une peinture collective de Jodoigne Centre a été commandée.

Selon les participants, «un travail sur la mémoire collective par la mise en valeur de symboliques propres permet de valoriser dans une région un art authentique, élément indispensable pour briser l'anomie culturelle et amener des perspectives de changement» (*La Libre Belgique*, 15 septembre 1988).

ville, chaque village, devrait chercher à renforcer son identité et sa distinction pour ainsi bénéficier des sensibilités accrues de sa population. Cette tendance au morcellement présente toutefois elle aussi des aspects négatifs. Plus une identité collective est restreinte et concrète, moins sa mise en forme est signifiante. Appartenir à un espace collectif plus large permet de profiter de tout ce qui se crée dans cet espace, d'avoir accès à un marché de GPi et de GPc beaucoup plus riche. Dans un monde qui devient dans les faits de plus en plus un village global à cause des changements technologiques, ce sont les espaces culturels les plus étendus, les plus dynamiques, ceux qui possèdent le plus de ressources et de moyens, qui peuvent espérer s'imposer dans cette concurrence. Se distinguer à l'extrême, c'est risquer de se marginaliser.

On peut ainsi se demander si les petits pays qui ont formé la France auraient réussi à se développer de façon significative s'ils avaient gardé leurs langues, leurs cultures et leurs institutions propres. Peut-on affirmer que la civilisation locale — et globale — ainsi créée aurait nécessairement été supérieure au bénéfice provenant d'une insertion dans la civilisation française?

La question peut sembler largement académique. On ne défait pas, en effet, plusieurs siècles d'histoire. Et pourtant, *ce qui caractérise l'époque actuelle, c'est que l'aménagement de ces espaces collectifs ne dépend plus seulement, comme par le passé, des aléas de guerres et de chambardements incontrôlables de toutes sortes, des ambitions territoriales des grandes puissances, ou du bon vouloir des monarques, mais d'abord d'une volonté délibérée de maximiser des potentiels de développement.*

La construction de la Communauté européenne constitue un exemple significatif de cet effort d'aménagement. Après des siècles de conflits qui ont déchiré et ravagé ce continent, la création d'une véritable identité européenne semble en voie de provoquer des changements considérables, aussi bien aux plans social, culturel et économique, que politique et militaire. La création d'un espace francophone international en est un autre exemple, tout comme le démembrement de l'Union Soviétique, la fédéralisation de la Belgique et de l'Espagne ou même, par un ironique retour des choses, le renouveau des régionalismes dans une France intégrée à l'Europe. Ces réaménagements se produisent aussi bien dans le sens d'une intégration dans des espaces plus larges que dans celui d'une consolidation d'espaces plus restreints lorsque les amalgames déjà existants sont perçus comme inadéquats.

Si les identités des collectivités ont une nature partielle, subjective, relative et contingente, il apparaît possible d'influencer leur développement, de modifier leurs caractéristiques, d'en déprécier certaines ou de chercher à accentuer l'importance donnée à d'autres. Après avoir constaté les avantages du morcellement et de l'insertion dans des ensembles plus globaux, on arrive à la question suivante: *comment aménager un ou des espaces collectifs donnés de façon à maximiser le potentiel de développement de la civilisation?*

Savoir qu'il faut rechercher une situation qui favorise l'équilibre et la profondeur ne dit rien sur les solutions pratiques à appliquer pour l'atteindre. Chaque cas diffère de par les opportunités qu'il offre et les limites qu'il impose. Le cadre de référence théorique permettant de discuter de l'aménagement de l'espace collectif chinois peut bien être semblable à celui qui éclairerait l'aménagement de l'espace collectif luxembourgeois, mais les situations concrètes qui doivent être analysées n'ont rien en commun. C'est le cas spécifique du Québec qui occupera les pages qui suivent, un cas particulièrement pertinent puisque le débat sur la «question nationale» y occupe les esprits depuis déjà plusieurs décennies.

Trois identités collectives principales se disputent présentement le terrain sur le territoire québécois: l'identité canadienne, l'identité canadienne-française et l'identité québécoise. Ces allégeances nationales impliquent l'adhésion à une idéologie qui favorise certains aménagements politiques, sociaux et culturels. C'est donc en analysant ceux-ci que nous pourrons porter un jugement quant à la situation qui apparaît la plus propice au développement de la civilisation.

Voyons d'abord comment se répartissent ces allégeances au sein de la population. Selon le dernier sondage complet publié sur cette question, 49 p. 100 des francophones se perçoivent comme Québécois, 39 p. 100 comme Canadiens français et 11 p. 100 comme Canadiens tout court; les anglophones et allophones s'identifient, eux, à 75 p. 100 comme Canadiens, à 10 p. 100 comme Québécois et à 10 p. 100 comme Canadiens anglais (*Le Devoir*, 25 juin 1988).

Si l'on simplifie quelque peu les multiples divergences idéologiques qui séparent ces groupes, il est possible de distinguer une opposition majeure: d'un côté, ceux qui considèrent le Canada comme le principal espace collectif auquel ils appartiennent, c'est-à-dire les Canadiens, les Canadien français et les Canadiens anglais; de l'autre, ceux pour qui cet espace collectif prioritaire est le Québec, c'est-à-dire en gros le groupe des Québécois. De façon générale, le premier groupe favorise une forte intégration du Québec dans l'ensemble canadien et opte pour le *statu quo* constitutionnel ou pour des réaménagements qui ne remettraient pas en question l'importance du gouvernement fédéral dans le fonctionnement du pays; le second, par contre, souhaite une plus grande autonomie pour l'État québécois, soit dans le cadre d'un fédéralisme beaucoup plus décentralisé, soit en tant qu'État associé ou indépendant.

La discussion qui suit sur les mérites respectifs de ces options d'aménagement porte essentiellement sur deux conceptions générales de la façon dont le groupe de référence est défini: d'une part, la prépondérance du multiculturalisme canadien et du bilinguisme «d'un océan à l'autre»; d'autre part, celle d'un espace collectif québécois distinct et du français comme langue prioritaire au Québec. Notre objectif est de voir comment ces caractéristiques, qui définissent de façon fondamentale l'une et l'autre option, permettent de servir — ou de desservir — les exigences d'équilibre et de profondeur.

Quels que soient les facteurs à l'origine du développement de l'idéologie multiculturaliste (déclin relatif de la population d'origine britannique, besoin de se démarquer des États-Unis, opportunisme politique visant à obtenir le vote des immigrants), il appert qu'elle est devenue aujourd'hui l'une des principales caractéristiques définissant l'espace collectif canadien. Le multiculturalisme est activement appuyé par la majeure partie de la classe politique fédérale et par les milieux intellectuels anglophones les plus influents. L'existence de la «mosaïque» canadienne permettrait de distinguer le Canada de son voisin du sud, où existerait plutôt un «melting-pot» culturel. Ainsi, au lieu de perdre leur identité culturelle d'origine, les immigrants sont encouragés à la conserver et à la perpétuer sur le territoire canadien, en formant des communautés ethniques vivant côte à côte dans l'harmonie et la tolérance. La culture canadienne serait donc formée de l'addition de toutes ces cultures ethniques.

Ce qui caractérise cette façon d'aménager l'espace collectif, c'est que la principale identité collective des individus tend non pas à être l'identité nationale, l'identité canadienne, mais plutôt, pour une partie importante de la population, l'identité ethnique. Le Canada apparaît ainsi comme un territoire où l'on peut venir prospérer individuellement tout en continuant de vivre comme dans son pays d'origine, mais dans un nouveau contexte qui tend à «folkloriser» la culture immigrée.

Comment pourrait-on définir le «folklore», ou une culture «folklorisée»? Dans le chapitre sur l'esthétique, nous avons vu que celle-ci est une mise en forme de la réalité collective des individus. Une culture dynamique, vivante, sera nécessairement multiple et changeante, puisque le monde par rapport auquel l'individu cherche à se situer change constamment et que les identités de différentes collectivités coexistent dans un même espace, s'influencent et se concurrencent les unes les autres. Un individu peut donc potentiellement y trouver des reflets de sa réalité, de son monde, à quelque niveau ou dans quelque domaine que ce soit.

À l'opposé, la culture folklorisée exprime une réalité collective dissociée du reste de la réalité de l'individu. Parce qu'elle n'est plus influencée par les autres facteurs de la réalité individuelle (compréhension et contrôle de la réalité, recherche de GPi et de GPc sur d'autres plans), cette esthétique semble figée, morte, destinée à se reproduire indéfiniment. Pour les jeunes générations d'une société modernisée par exemple, la culture traditionnelle des générations précédentes a perdu une bonne partie de sa pertinence, parce qu'elle n'exprime plus leur réalité contemporaine. Dans la mesure où elle survit, de façon sporadique, dans des festivals ou des fêtes familiales, elle apparaît comme la mise en forme d'une appartenance très limitée et ayant peu de rapport avec les autres domaines de la vie. Elle symbolise une sorte de filiation qui relie l'individu à ses ancêtres et à une réalité dont il est issu mais qui n'est plus la sienne et qui lui paraît même exotique. À mesure que ces liens avec le passé s'atténuent, l'esthétique folklorique finit par sombrer dans l'oubli et par disparaître tout à fait.

Le folklore semble figé pour toujours dans une forme donnée pour la simple raison que plus personne ne cherche à se situer par rapport à la réalité collective qu'il exprime, plus personne ne crée quoi que ce soit qui vienne l'alimenter. Par opposition à la culture dite «classique», celle qui inclut les œuvres les plus signifiantes d'une civilisation, la culture folklorique n'exprime pas l'identité humaine, elle est simplement la mise en forme d'une identité restreinte, localisée dans le temps et l'espace. (Précisons encore une fois qu'il n'y a pas d'opposition entre les deux, mais plutôt qu'une esthétique localisée dans le temps et l'espace doit *aussi* exprimer des réalités plus larges et abstraites pour être vraiment signifiante.) C'est pourquoi elle ne survit pas à la disparition de cette identité restreinte et, lorsqu'on la reproduit artificiellement, ne fait que divertir et ne provoque aucune émotion profonde, ne contribue en rien au questionnement sur le sens de la vie.

Cette description s'applique aux cultures des communautés immigrantes. Les membres de ces communautés sont souvent issus de milieux traditionnels et porteurs d'esthétiques qui étaient déjà, dans le pays d'origine, en voie de folklorisation. Ils cherchent à reproduire des traits culturels dans un nouveau contexte collectif qui, de toute évidence, n'est plus celui qu'ils sont censés exprimer. Laisser la culture d'origine s'adapter à la nouvelle situation, subir un métissage, implique à coup sûr des transformations considérables et une désintégration presque complète à moyen terme. Les coûts psychologiques d'une pareille évolution sont élevés. La façon la plus logique de conserver cette réalité à laquelle on est attaché est alors d'isoler l'identité collective en question du reste de la réalité individuelle. L'immigrant peut ainsi reproduire les rites, coutumes, structures sociales et autres caractères qui doivent, par exemple, mettre en forme l'identité traditionnelle rurale d'un pays méditerranéen, tout en vivant entouré des gratte-ciel d'une métropole nord-américaine.

Parce qu'elle exprime souvent une identité restreinte, fondée sur des attaches familiales, l'esthétique des communautés ethniques peut difficilement rejoindre la réalité de la société d'accueil en général. Pour ceux qui sont extérieurs au groupe en question, elle n'offre d'ordinaire que le divertissement associé à la dégustation de cuisines exotiques. Il s'agit là d'un phénomène certes important lorsqu'il est question de donner des couleurs cosmopolites et d'ajouter de la variété à la vie urbaine, mais on ne peut pas dire que la civilisation y gagne grand-chose.

Une politique active de multiculturalisme fait donc en sorte d'encourager un appauvrissement de la culture générale en mettant l'accent sur des identités de moins en moins universelles, de plus en plus limitées, statiques, superficielles et folklorisées. Mais l'esthétique s'appauvrit encore d'une autre façon, puisque le multiculturalisme ouvre aussi toute grande la porte à la culture de masse.

Si cet espace collectif canadien ne génère pas un fort sentiment d'identification parmi ses membres, il garde cependant sa cohésion en étant source de GPi. Le Canada multiculturel pourrait être vu comme un grand «marché de GPi» ouvert à tous. On y émigre non pas pour s'intégrer à une nouvelle collectivité, mais pour y hausser son niveau de vie. Il offre de fait un environnement très propice à la poursuite d'objectifs individualistes.

Il existe donc une dichotomie entre l'espace collectif ethnique, restreint, auquel l'individu s'identifie prioritairement et d'où il retire des GPc, et l'espace collectif canadien, plus vaste, qu'il valorise surtout dans une optique individualiste en y recherchant des GPi. Si le premier élément de cette dichotomie favorise, comme nous venons de le voir, les esthétiques folklorisées, le second ne favorise aucune esthétique. La faiblesse relative de ses identifications collectives amène l'individu à combler ce vide émotif par des GPi, que lui offre entre autres la culture de masse. Celle-ci est justement produite en très grande partie dans le pays voisin, espace collectif présentant des caractéristiques très similaires à celles du Canada anglophone. Parce que ce dernier n'est le support d'aucune identité distincte suffisamment vigoureuse pour inspirer une vie culturelle «nationale» très dynamique (sauf pour les intellectuels nationalistes), il devient forcément très perméable à la production culturelle de masse américaine.

À la télévision par exemple — le média contemporain le plus influent pour la diffusion de l'image que les membres d'une collectivité se font d'eux-mêmes, au-delà des cercles intellectuels —, neuf des dix émissions les plus écoutées au Canada anglophone sont des productions américaines[2].

La caractéristique même qui tend à définir de plus en plus ce qu'est le Canada, le multiculturalisme, s'avère justement être l'une de celles qui expliquent la faiblesse de la culture canadienne. La supposée différence entre la «mosaïque» canadienne et le «melting-pot» américain qui justifierait la spécificité culturelle et sociale canadienne se réduit en fait à bien peu de chose, sinon à une croyance mythique: le premier pays poursuit une politique officielle de multiculturalisme (dont l'effet se fait probablement surtout sentir sur le déficit budgétaire fédéral), alors que le second laisse les communautés ethniques se débrouiller seules, ce qu'elles font d'ailleurs en général aussi bien.

Aux États-Unis mêmes, on peut constater que cette vision multiculturaliste tend à remplacer le vieil idéal de melting-pot depuis quelques années. La gauche a déjà adopté le concept. Le débat refait constamment surface a propos de questions spécifiques, comme le redécoupage des circonscriptions électorales

---

2. Par contraste, huit des dix émissions les plus écoutées au Québec sont produites localement. («A Prime Time for Quebec TV», in *The Globe & Mail*, 12 décembre 1987).

pour créer des districts à majorité noire ou hispanique, les quotas d'embauche sur des bases raciales, les programmes éducatifs qui reflètent ou non la culture des minorités, etc. On peut se demander ce que vont inventer les nationalistes canadiens pour se démarquer des États-Unis lorsqu'ils se rendront compte que promouvoir le multiculturalisme implique moins le renforcement d'une identité nationale distincte qu'un alignement idéologique sur les thèses de la gauche américaine.

La réalité, c'est que le Canada a de moins en moins de pertinence comme entité nationale distincte des États-Unis. La principale raison historique de son existence, l'opposition à la Révolution américaine, ne joue plus aucun rôle. Le Canada anglais se distingue surtout parce que la vision sociale qui y prédomine est la même que celle du Parti démocrate américain, comme c'est le cas aussi au Vermont ou au Minnesota. Les régions du Canada anglais, qui diffèrent entre elles autant que les régions des États-Unis, auraient peut-être intérêt à se voir enfin comme des parties d'un grand ensemble culturel anglo-nord-américain. Mais il s'agit d'un autre débat, qui concerne les Canadiens anglais eux-mêmes.

Est-il nécessaire de souligner que les arguments qui précèdent contre le multiculturalisme sont à l'opposé de postulats racistes qui viseraient à favoriser la «nation» canadienne-française aux dépens des autres ethnies? Il s'agit bel et bien ici de s'opposer à toute forme d'idéologie collectiviste fondée sur l'ethnie et sur les mythes qui y sont associés, qu'il s'agisse de la canadienne-française ou d'autres. La véritable ouverture est celle qui se fonde sur une identité humaine qui dépasse et relativise les différences dues aux identités collectives plus spécifiques.

Ou bien notre personnalité est entièrement déterminée par nos gènes et par les schèmes culturels étroits transmis par la famille et l'ethnie, et alors en effet nous sommes simplement des Canadiens français, des Italo-Canadiens, des Vietnamiens-Québécois, et le reste; ou bien nous jouissons d'une certaine autonomie psychologique et d'une faculté de voir le monde objectivement et de relativiser nos appartenances immédiates, et alors nous sommes avant tout des Québécois (dans la mesure où le sentiment d'appartenance est présent) et des êtres humains, quelle que soit notre origine.

Le discours multiculturaliste met de l'avant une vision du monde tout à fait différente. Selon lui, «ouverture» signifie que des rameaux de cultures traditionnelles diverses, aux frontières bien délimitées, continuent de reproduire les traditions folkloriques qui leur sont propres tout en se tolérant les uns les autres et en partageant le même territoire et les mêmes institutions. Aucune ouverture véritable ne se manifeste pourtant dans une telle situation puisque chaque communauté reste cantonnée dans son ghetto et n'entretient de relations avec le reste de la société que pour protéger ses intérêts. L'identité canadienne ne signifie de fait pas grand-chose pour une partie considérable de la population. Le sentiment de fierté d'être canadien, déployé par exemple lors des manifestations folkloriques du 1er juillet, découle non pas d'un véritable sentiment d'identification au Canada mais de la possibilité de perpétuer son «identité ethnique» dans un environnement au surplus très généreux en termes de GPi.

À la lumière de ce qui précède, on peut plus clairement observer ce qu'implique le choix de considérer le Canada comme l'espace collectif principal autour duquel s'ordonneraient nos multiples identités collectives. Tout d'abord, dans ce contexte, la formule est connue, le Québec devient «une province comme les autres». Ce qui est plus grave cependant c'est que, dans la logique de l'idéologie canadienne, les Québécois francophones ne sont encore que des *French Canadians*. Ils comptent simplement pour l'un des multiples groupes ethniques — parmi les plus importants, certes — qui composent la grande mosaïque canadienne.

Il s'agit là d'une régression pure et simple, d'une négation des trente dernières années de l'histoire du Québec. La modernité québécoise s'est justement construite, depuis la Deuxième Guerre mondiale mais surtout depuis la Révolution tranquille, sur une relativisation de l'identité canadienne-française. À partir du moment où l'État provincial québécois s'est donné pour mission de moderniser ce qu'on appelait à

l'époque «le peuple canadien-français du Québec», les caractéristiques de l'identité canadienne-française — catholicisme,
valeurs traditionnelles, agriculturisme, origine raciale française — ont été graduellement écartés. Seule la langue française, qui n'est pas *a priori* plus liée à une identité restreinte et
concrète qu'à une autre plus large et abstraite, a survécu à
cette transformation.

En cours de route, les nouveaux Québécois francophones ont peu à peu cessé de considérer leurs anciens compa-
triotes canadiens-français dans le reste du Canada comme
faisant partie de leur espace collectif. En contrepartie, ils ont
dû redéfinir ici leurs relations avec les groupes d'origines autres que canadienne-française, qui n'ont pas adopté d'emblée
cette identification à un Québec majoritairement francophone.

Quelles que soient les difficultés engendrées par ces transformations (nous y reviendrons plus loin), il n'en reste pas
moins que c'est le développement de cet espace collectif québécois et le remplacement graduel de l'identité canadienne-
française par l'identité québécoise qui ont engendré la société
moderne, dynamique, ouverte sur le monde, dans laquelle
nous vivons présentement.

On prend généralement pour acquis aujourd'hui qu'il
existe une telle chose que la «société distincte» québécoise, ou
un «peuple québécois». Il s'agit pourtant d'une création fort
récente, qui est loin d'être évidente dans le reste du Canada
où l'on considère que chaque province constitue une société
distincte. Fort juste, et l'on pourrait même ajouter que chaque
région, chaque ville, chaque village en forme une aussi, dans
le sens où toute entité est le fondement d'une certaine identification collective. La différence réside cependant dans le fait
qu'il n'y a qu'au Québec qu'une partie importante de la population tient cette entité pour son espace collectif principal
et souhaite des réaménagements politiques, sociaux et économiques qui découlent d'une telle perception.

Pour ceux qui refusent d'accepter cette évolution et qui
privilégient une entité canadienne multiculturelle, les revendications du Québec sont inacceptables parce qu'elles instau-
reraient un déséquilibre entre des groupes ethniques vus

comme égaux, en accordant un traitement spécial à l'un d'entre eux. En effet, dans la perspective paternaliste du multiculturalisme, il n'est plus question d'individus responsables mais seulement de groupes minoritaires qui sont «traités» plus ou moins également par une majorité ou par des institutions. Dans la même optique, les revendications québécoises sont perçues comme un mouvement de repli sur soi, un refus des règles du jeu de la part d'un groupe qui en demande trop et que ses frustrations poussent à un rejet de la coopération avec les autres. Un groupe qu'il est donc opportun de «remettre à sa place» lorsqu'il va trop loin.

On peut cependant soutenir une tout autre interprétation: c'est le développement de l'identité québécoise qui a permis aux anciens Canadiens français de s'épanouir, qui les a sortis de l'isolement, qui les a poussés à établir des liens directs avec le monde sans l'intermédiaire d'une entité sociale et politique qui ne les reconnaît que par leurs caractéristiques tribales. Accepter le Canada comme entité collective principale signifierait, pour les Québécois francophones, renier trente années de modernité, régresser culturellement vers le folklore canadien-français et favoriser encore plus la consommation de la culture de masse. Qui plus est, il faudrait alors aussi accepter la langue anglaise comme seul véritable instrument de communication dans le marché de GPi canadien.

La problématique soulevée par le multiculturalisme n'est en effet pas étrangère à celle qui a trait à la langue. Le français constitue la seule caractéristique importante de l'identité canadienne-française qui ait été retenue pour définir l'identité québécoise. La langue française fait donc figure de bien collectif pour ceux qui privilégient cet espace collectif québécois. Or, l'entité canadienne, même définie comme bilingue «d'un océan à l'autre», ne garantit aucunement la survie du français.

Qu'est-ce qui pourrait motiver des Canadiens à produire ce bien collectif qu'est la survie du français? Contribueront à la production du bien, on s'en souviendra, les individus pour qui l'ensemble des variables présentées au deuxième chapitre dégagent un résultat positif. Cette contribution implique l'utilisation de cette langue dans la plupart des domaines de la vie. Il ne s'agit pas de la simple survie du français comme langue «de culture», connue par des non-francophones mais utilisée seulement dans des circonstances restreintes.

Sauf dans des cas exceptionnels, les seuls individus dont la motivation collectiviste apparaît positive sont ceux dont le français est la langue maternelle, dans la mesure où ils la considèrent comme une caractéristique essentielle de leur identité culturelle. Cette affirmation demande cependant à être nuancée, selon la façon dont la collectivité est définie.

Dans un milieu plus traditionnel, identité ethnique, religion, coutumes familiales et langue se complètent pour former un contexte collectif bien intégré. La motivation collectiviste à continuer d'utiliser la langue y est donc plus élevée parce que les différents éléments de l'identité personnelle des individus sont plus solidement interdépendants[3]. Pour cette raison, les communautés francophones minoritaires, isolées dans un environnement largement anglophone, pourront plus facilement «s'autosuffire» sur le plan culturel et, par conséquent, protéger le français, si elles perpétuent ce contexte traditionnel.

Qu'en est-il cependant lorsqu'un francophone issu d'une de ces communautés minoritaires relativise son identité traditionnelle et cherche à développer une identité plus moderne? S'il se voit incapable d'obtenir les GPc appropriées dans sa propre communauté, il devra peut-être choisir de les trouver hors de celle-ci dans son environnement immédiat — qui fonctionne dans une autre langue — ou alors se déplacer là où ces GPc associées à une identité plus moderne sont disponibles dans sa propre langue.

Le sort des communautés canadiennes-françaises hors Québec est lié en grande partie à ce dilemme. D'une certaine façon, le traditionalisme relatif de ces communautés (dont la population compte parmi les plus pauvres et les moins édu-

---

3. C'est sur cette évidence sociologique que se fonde la fameuse maxime du cléricalisme canadien-français selon laquelle «la langue est la gardienne de la foi».

quées au Canada) fait en sorte de garder plus élevée la motivation collectiviste à utiliser le français dans un environnement aussi peu propice à son épanouissement. On objectera
que si, justement, elles réussissaient à développer une culture
plus moderne, une partie du problème serait réglée. On peut
toutefois douter qu'un tel développement soit possible. Ces
communautés canadiennes-françaises sont éparpillées sur un
immense territoire, peu nombreuses et la plupart du temps
éloignées des grands centres urbains. Une culture moderne
peut difficilement se développer sans le support d'un appa-
reil étatique ni surtout sans la présence d'une ville importante
où puisse s'accumuler une masse critique de créativité, de
moyens de communication, de capitaux, d'institutions, etc.

C'est bien sûr aux membres de ces communautés de décider du genre de vie qu'ils entendent mener. Mais cette
question concerne aussi les Québécois à partir du moment où
la vision d'un Canada bilingue d'un océan à l'autre, qui s'appuie nécessairement sur l'existence des communautés francophones hors Québec, entre en conflit avec celle d'un Québec
où le français prédomine.

Il n'y a qu'au Québec qu'une culture moderne, universa-
liste, signifiante, a des chances de fleurir en français, comme
c'est le cas actuellement. Ceux qui continuent de défendre
l'idéal généreux de la survie des communautés francophones
hors Québec doivent se rendre compte que cette survie dé-
pend en grande partie de leur isolement par rapport à leur
milieu immédiat et de leur état de folklorisation. Dans le
même ordre d'idée, une société québécoise où les deux langues seraient sur un pied d'égalité ne pourrait que régresser
vers les clivages d'antan entre les francophones «pure laine»
d'origine canadienne-française et «les Autres» partageant
l'usage de l'anglais dans un contexte cosmopolite.

La deuxième variable du modèle, la motivation individualiste, permet d'expliquer dans quelle mesure la survie du
français sera vraiment possible. Dans une société qui s'est
modernisée, on constate qu'en parallèle avec la relativisation
des identités collectives, l'importance accordée à l'obtention
de GPi et à l'avancement des intérêts individuels s'accroît

considérablement. La motivation individualiste aura donc un rôle important à jouer dans la production ou non du bien collectif.

De toute évidence, la motivation individualiste à utiliser le français pour les francophones hors Québec est généralement négative. C'est plutôt l'utilisation de l'anglais qui permet l'accès à de meilleurs emplois, à de meilleurs services, à tout ce qui est considéré comme normal dans une société moderne. D'où une tendance à la dichotomie dans la vie de ces individus, le français continuant d'être parlé dans le contexte familial et l'anglais envahissant graduellement les autres domaines de la vie.

Les politiques de bilinguisme des gouvernements fédéral et provinciaux, là où elles sont autre chose que des discours creux, n'ont aucune chance de modifier cette situation. Offrir quelques services gouvernementaux en français pourra peut-être diminuer légèrement l'écart entre la motivation individualiste à utiliser l'anglais et celle à utiliser le français. Mais on voit mal quel miracle pourrait faire en sorte que des communautés en voie de marginalisation depuis des décennies puissent arriver à offrir à leurs membres des GPi de façon compétitive dans leur langue. Les statistiques catastrophiques sur les taux d'assimilation des francophones hors Québec, publiées lors de chaque recensement, ne surprennent que ceux dont les facultés de jugement dans ce domaine sont compromises par leurs croyances idéologiques.

Encore une fois, la motivation individualiste à utiliser le français ne peut être clairement positive qu'au Québec, en partie à cause de la loi 101. Pour employer un jargon théorique, on pourrait considérer cette loi comme une série de mesures incitatives (INC) et coercitives (COE) appliquées par un mouvement collectiviste au pouvoir (le Parti québécois) dans le but d'augmenter la contribution des membres du groupe (la population du Québec) à la production d'un bien collectif (une plus grande utilisation du français). Après un certain temps, ces mesures ayant eu l'effet désiré, les avantages relatifs de l'utilisation de l'anglais ont graduellement diminué et la motivation individualiste à utiliser le français a augmenté. Il s'agit d'une mesure essentielle pour amener les immigrants à adopter le français, puisqu'ils n'ont pas de motivation collectiviste à utiliser l'une ou l'autre langue s'ils n'en connaissent aucune et choisiront celle qu'ils perçoivent comme la plus propice à l'avancement de leurs intérêts individuels et à l'obtention de GPi. Dans le contexte nord-américain, il est bien évident que c'est l'anglais qui jouera ce rôle à moins que des mesures correctives ne viennent modifier la situation.

Une bilinguisation accrue du Canada ralentirait peut-être le processus d'assimilation des francophones hors Québec, mais impliquerait aussi inévitablement la disparition de l'avantage comparatif que possède le français au Québec. Si les deux langues devaient être remises sur le même pied, il est à prévoir que l'anglais reprendrait vite sa supériorité traditionnelle en termes de moyen d'accès à un riche marché de GPi.

Il est peu probable qu'une majorité de personnes au Canada anglais finisse jamais par accepter que le français soit activement protégé au Québec. Les Canadiens anglophones cherchent avant tout à se distinguer des Américains et la langue ne constitue donc pas pour eux une caractéristique collective pertinente. L'anglais est considéré comme un moyen de communication, non comme une caractéristique fondamentale de l'identité du groupe. Pour cette raison, imposer la connaissance et l'usage du français au Québec apparaît odieux à plusieurs, puisqu'il s'agit dans les faits de nier le droit à des Canadiens d'accéder directement à ce marché de GPi, essentiellement anglophone, que constitue le Canada dans son ensemble. L'existence d'un marché parallèle au Québec, accessible au moyen du français, est inacceptable selon ce point de vue[4].

---

4. Un argument souvent entendu du côté anglophone et qui illustre bien ce point de vue est celui qui veut que les lois linguistiques québécoises fassent même du tort aux francophones, puisqu'en les empêchant de vivre dans un environnement parfaitement bilingue elles réduisent leurs chances de trouver des emplois à Kitchener ou à Red Deer lorsque les conditions économiques sont plus difficiles au Québec.

Mais le problème ne s'arrête pas là. D'un point de vue multiculturel canadien, les Québécois francophones ne sont encore que des *French Canadians*, c'est-à-dire une communauté ethnique. Au Canada anglais, la langue anglaise n'appartient à aucun groupe ethnique spécifique, la population d'origine britannique ayant été marginalisée depuis quelques décennies. Par contre, la langue française est toujours considérée comme la langue des Canadiens français, la langue d'un groupe ethnique particulier. Prescrire l'usage du français apparaît donc comme doublement odieux puisqu'un groupe ethnique est alors vu comme imposant une caractéristique de son «identité ethnique» à d'autres groupes. Le consensus multiculturel canadien est justement fondé sur le rejet total de ce genre de pratique. Officiellement, chaque groupe doit pouvoir conserver ses caractéristiques comme il le souhaite. De là à voir chez ces mêmes Canadiens français des tendances au racisme, à l'autoritarisme et même au fascisme, il n'y a qu'un pas qui est fréquemment franchi.

Ce n'est qu'au moment où l'on acceptera que le français au Québec n'est plus la langue d'un groupe ethnique, mais plutôt la langue majoritaire d'une société qui a largement cessé de se définir sur des bases raciales, que l'opposition viscérale envers les lois linguistiques québécoises s'estompera. Mais accepter cela, c'est aussi accepter l'existence de deux espaces collectifs distincts sur le territoire canadien, une idée qui reste inadmissible pour la plupart des Canadiens anglophones.

Avant de conclure ce chapitre, reconsidérons la question de départ: comment aménager un ou des espaces collectifs donnés de façon à y maximiser le potentiel de développement de la civilisation? Sur la base de l'analyse qui précède, il est clair que c'est en choisissant le Québec, et non le Canada, comme principal espace collectif, que nous répondrons à cette exigence. Le rejet du multiculturalisme et du bilinguisme canadiens est une condition essentielle pour éviter la folklorisation de la culture francophone et l'affaiblissement du français ainsi que pour permettre à la société québécoise de continuer à se développer comme elle l'a fait jusqu'ici. C'est sur ce potentiel de développement de la civilisation dans l'espace collectif québécois que nous nous pencherons dans le prochain chapitre.

CHAPITRE VII

Le potentiel québécois

Un aménagement d'espaces collectifs qui présente un potentiel élevé de développement de la civilisation suppose que les exigences d'équilibre et de profondeur soient le mieux servies. En accord avec cette proposition, nous avons conclu, dans le chapitre précédent, qu'un aménagement privilégiant l'espace collectif québécois est préférable à un autre centré sur l'espace canadien. Cet examen ne prenait toutefois en compte que quelques caractéristiques jugées les plus déterminantes dans la définition de ces entités. Ce chapitre examinera le potentiel de développement propre au Québec dans un sens plus large.

Le développement de la civilisation implique un processus où des identifications collectives de plus en plus abstraites et inclusives sont mises en pratique (éthique) et mises en forme (esthétique), sans que l'une d'elles soit perçue comme absolue au point d'éliminer les autres et de restreindre l'espace de liberté individuelle. Si la Révolution tranquille est considérée comme la période la plus importante de l'histoire du Québec contemporain, c'est parce qu'elle constitue sans aucun doute le moment clé du déroulement de ce processus pour la collectivité québécoise. C'est en effet à ce moment que l'espace collectif québécois a commencé à prendre forme de la façon dont il est défini aujourd'hui.

Ce qu'il est pertinent de voir dans cet épisode, ce sont les conditions qui ont pu conduire à l'émergence de cette nouvelle identité québécoise et les conséquences de cette évolution sur le développement ultérieur du Québec. La création d'une identité québécoise apparaît en effet comme un phénomène dépendant de circonstances particulières, dont la nécessité historique est loin d'être évidente et qui aurait bien pu tourner autrement.

En comparaison avec la plupart des sociétés occidentales, la société canadienne-française dans la province de Québec s'est modernisée tardivement. Même si l'on peut faire remonter les sources de changement à la Deuxième Guerre mondiale et jusqu'au tournant du siècle, ce n'est qu'à partir des années soixante que le consensus idéologique apparent au sein de cette société s'est effondré pour faire place à un véritable pluralisme, et que les transformations sociales et institutionnelles retardées ont eu lieu de façon accélérée.

Le cadre de référence des élites canadiennes-françaises modernistes d'avant la Révolution tranquille était le Canada français dans son ensemble même si, pour des raisons géographiques et démographiques évidentes, c'est dans la province de Québec que se concentrait l'essentiel des activités de ces élites. La notion de collectivité généralement acceptée à cette époque, fondée sur la race, la langue et le catholicisme, transcendait les divisions provinciales. Qui plus est, l'administration de la province de Québec était aux mains d'un parti réactionnaire et affairiste, méprisé dans les milieux intellectuels et syndicaux, qui ne prônait l'autonomie provinciale que pour maintenir l'obscurantisme et son emprise sur la société. Par contraste, l'administration fédérale, qui s'était modernisée rapidement dès la Deuxième Guerre mondiale, apparaissait plus éclairée et ouverte au changement.

Les élites modernistes canadiennes-françaises auraient donc pu très naturellement concentrer leurs efforts à Ottawa pour tenter de moderniser leur société. C'est d'ailleurs en partie ce qui s'est produit lorsque les fameuses «trois colombes» et leurs partisans ont pris la route vers la capitale fédérale au milieu des années soixante. Jusqu'à ce jour, le discours de

Pierre Trudeau continue d'exprimer, en contradiction avec trente années d'évolution historique, ce point de vue selon lequel la modernité et le pluralisme pancanadiens s'opposent au provincialisme obscurantiste et intolérant qui règne au Québec.

On pourrait imaginer une situation hypothétique où c'est l'État fédéral qui aurait reçu, lors du partage des pouvoirs de la Confédération de 1867, les juridictions sur l'éducation, les ressources naturelles et la santé. On sait à quel point ces domaines ont été importants dans la modernisation de l'État québécois. Sans eux, peut-on affirmer que la Révolution tranquille aurait eu le même impact, ou même qu'elle aurait simplement eu lieu? L'identité québécoise aurait-elle pu émerger de la même façon? Si la majeure partie des élites modernistes canadiennes-françaises s'était retrouvée à Ottawa plutôt qu'à Québec dans les années soixante, ou même avant, nous nous retrouverions peut-être aujourd'hui dans une situation plus ou moins similaire à celle de l'époque, coincés entre une modernité pancanadienne plutôt anglophile et une résistance traditionaliste ancrée dans l'autonomie provinciale.

Le fait est cependant que l'histoire s'est déroulée autrement. C'est «l'équipe du tonnerre» de Jean Lesage, bien plus que les «trois colombes», qui a contribué à accélérer le processus de modernisation de la société canadienne-française du Québec et ce, en se servant de l'État provincial plutôt que de l'État fédéral. C'est donc le premier qui a incarné aux yeux d'une majorité la modernité nouvellement acquise, c'est lui qui a reçu en grande partie la légitimité et la responsabilité de prolonger ce développement, et c'est lui aussi qui est conséquemment devenu un objet d'identification de la part d'une portion grandissante de la population de la province.

Les contradictions de l'identité québécoise qui persistent jusqu'à ce jour trouvent leur origine dans cette donnée circonstancielle: les élites modernistes d'une population éparpillée sur un large territoire ont investi un État dont les limites géographiques ne correspondaient pas exactement à la configuration de cette société. Une partie de la «nation» canadienne-française s'est donc retrouvée à l'extérieur de cet État qui aurait dû logiquement (il s'agit bien sûr de la logique classique des États-nations) l'englober tout à fait. En contre-partie, une population non canadienne-française résidant sur le territoire québécois s'est trouvée prise dans une dyna-mique où on la forçait à réévaluer ses identifications, alors qu'elle se considérait étrangère à tout ce débat.

Au début des années soixante, les nationalistes mo-dernistes se donnaient pour but de moderniser la «nation canadienne-française du Québec». Le vocabulaire a rapi-dement évolué et le groupe de référence est ensuite devenu la «nation québécoise francophone». On considère généra-lement aujourd'hui qu'il existe simplement une «nation québécoise», incluant tous les individus résidant sur le ter-ritoire, mais la confusion subsiste toujours sur la définition de cette nation[1]. Les Canadiens français hors Québec, quant à eux, ont graduellement été exclus de la définition du groupe.

Ce que l'on constate, c'est que la logique du développe-ment et de la légitimation de l'État québécois ainsi que de l'espace collectif qui lui correspond, amorcée durant la Révo-lution tranquille, se poursuit encore aujourd'hui avec les ré-aménagements sociaux et culturels que cela implique. La vo-lonté d'intégrer les communautés allophones et l'émergence, même limitée, d'une identité «anglo-québécoise» sont des si-gnes plus récents de cette évolution.

-----

1. Toute entité collective se distingue par son contenu et ses limites. Dans ce cas-ci, le problème de la constitution du groupe a été transféré des limi-tes au contenu. En incluant par définition dans la société québécoise tous ceux qui résident sur le territoire, on règle le problème des limites mais en même temps on dilue ou on élimine les caratéristiques qui définissaient de façon plus nette et évidente la société canadienne-française.
Si le Québec est effectivement une collectivité distincte, qu'est-ce qui fonde cette distinction? Comment définit-on la «québécité»? La question reste controversée et c'est pourquoi elle sert de prétexte à toutes sortes de ques-tionnements et de combats culturels et politiques.

Une modernité qui aurait dû être canadienne-française est ainsi finalement devenue québécoise. L'identité canadienne-française, elle, a irrémédiablement été associée à l'idéologie traditionaliste qui dominait avant la Révolution tranquille. À partir de 1960, cette société s'est non seulement très rapidement modernisée, mais pour plusieurs de ses membres elle est aussi devenue *autre*. La modernité s'est installée alors même que l'on donnait une nouvelle définition et de nouvelles frontières à l'espace collectif de référence. *Il n'y a donc pas de version traditionnelle de l'identité québécoise puisque celle-ci est née dans le processus même de modernisation de l'identité canadienne-française.* D'où la coupure radicale que l'on perçoit entre les deux époques et l'espèce de schizophrénie qui caractérise la société québécoise depuis cette période. Plusieurs déplorent cette rupture avec le passé et prônent une reconnaissance de la continuité historique, sinon une restauration de l'identité canadienne-française et des éléments qui la rendaient si distinctive. Cette coupure historique constitue toutefois un phénomène positif et un élément essentiel de ce potentiel de développement que nous tentons de définir.

Tout d'abord, la relativisation du concept de «race» inhérent à l'identité canadienne-française a fait en sorte d'éliminer l'un des mythes les plus pernicieux attachés à la définition du groupe. La croyance en un déterminisme racial est probablement l'un des obstacles majeurs au développement chez l'individu de sentiments d'identification qui dépassent son environnement immédiat. En associant de façon étroite collectivité raciale, esthétique et espace collectif principal, on crée presque inévitablement des conditions qui contredisent les exigences d'équilibre et de profondeur.

Le concept moderne de «culture», dans le sens que lui donnent certains sociologues et anthropologues, se rapproche de cette vision d'une collectivité totale, dont l'essence est exclusive et les frontières avec d'autres collectivités bien délimitées, sauf dans des cas vus comme pathologiques. Au sein même du mouvement nationaliste québécois, un courant minoritaire existe encore qui continue de fonder la légitimité de l'existence d'un éventuel État québécois souverain sur les «droits historiques» mythiques d'une tout aussi mythique «race française d'Amérique» à qui appartiendraient les rives du Saint-Laurent.

Toutes ces manifestations de solidarité tribale prennent cependant un caractère nettement anachronique lorsqu'on les situe dans un contexte plus général, où la définition de l'identité québécoise est graduellement purgée de ses connotations raciales. Des tensions raciales persistent évidemment au Québec, comme partout où se côtoient des individus aux origines variées. Il n'existe toutefois ici aucun mouvement d'importance qui prône l'arrêt de l'immigration, encore moins l'expulsion des résidants d'origine autre que canadienne-française. La mise au point est significative lorsqu'on observe la montée, en Europe, d'irrédentismes ethniques de toutes sortes à l'Est et de mouvements ouvertement racistes dans des sociétés occidentales censément modernisées depuis longtemps, mais qui n'ont jamais évacué la dimension raciale de leur identité.

La rupture sociale et psychologique qu'a instaurée la Révolution tranquille s'avère positive dans d'autres sens. Non seulement la race, mais aussi d'autres caractéristiques associées à l'identité canadienne-française et aux identités traditionnelles en général semblent avoir été évacuées d'une façon plus radicale à cause de cette coupure. Dans la plupart des sociétés occidentales qui se sont modernisées graduellement, sur plusieurs décennies, des mouvements conservateurs ont réussi à garder une influence décisive dans les sphères politique, sociale et culturelle. L'effondrement tardif mais rapide et décisif de l'influence traditionaliste au Québec a, au contraire, fait en sorte de marginaliser définitivement ceux qui prônent un retour à ce type d'aménagement collectif.

Que l'on prenne pour exemples les attitudes envers la religion, le statut des femmes, l'homosexualité, ou d'autres caractéristiques qui subissent des transformations durant un processus de modernisation sociale, il appert que les changements ont été beaucoup plus profonds au Québec que dans la plupart des sociétés occidentales. Certains déploreront qu'il en ait résulté en même temps une généralisation des comportements individualistes barbares; c'est malheureusement le cas, mais ces transformations étaient néanmoins nécessaires pour libérer les individus des déterminismes sociaux qui mettaient un frein à leur développement intellectuel et psychique.

Le Québec se retrouve aujourd'hui, d'une certaine façon, l'une des sociétés les plus modernisées au monde. En effet, et il s'agit là d'une phénomène peu remarqué, il n'existe par exemple aucun parti politique conservateur au Québec, au contraire de la presque totalité des autres pays. Un parti qui prônerait le retour à des valeurs traditionnelles pourrait difficilement le faire dans le cadre de l'espace collectif québécois puisque l'identité québécoise, comme on l'a vu, est née d'un processus de modernisation. Or, l'espace collectif canadien-français dans lequel pourrait s'inscrire un tel discours n'a plus de légitimité politique au Québec depuis la Révolution tranquille.

Depuis la marginalisation de l'Union nationale et la disparition du Crédit social dans les années soixante-dix, aucun parti politique québécois ne met de l'avant une idéologie de ce type. Le Parti libéral du Québec, qualifié par plusieurs de ses opposants de «conservateur», est, comme son nom l'indique, libéral. Son idéologie met l'accent sur l'individu et le développement économique, c'est-à-dire sur des aspects fondamentaux de la modernité, et ce dans un cadre essentiellement québécois.

La rupture entre identité canadienne-française et identité québécoise a sans aucun doute été bénéfique, en permettant la relativisation de niveaux d'identification restreints et strictement définis et une évolution vers un niveau plus abstrait et englobant, celui de l'espace québécois. C'est ce processus que nous avons identifié comme propice au développement de la civilisation.

Une réserve mérite cependant d'être ajoutée: le Québec devrait éviter de tomber dans le même piège que le Canada, en se définissant de plus en plus comme une société multiculturelle. Que le Québec soit une société multiethnique est une évidence. Mais en effectuant un couplage nécessaire entre ethnicité et culture, on risque d'aller à l'encontre de l'évolution positive des trente dernières années et de perpétuer, même dans une perspective non discriminatoire, la distinction néfaste entre les Québécois «de souche», c'est-à-dire canadiens-français, et les «autres», les «ethniques». Répétons-le encore une fois: l'objectif est de faire en sorte que les membres de cette société *ne soient plus définis selon leur origine raciale et leurs appartenances immédiates*, et non qu'ils le soient d'une manière qui se veut positive.

Disons-le carrément, même si le mot continue de faire peur: il s'agit tout simplement de laisser se développer ici un melting-pot culturel sur le modèle américain, melting-pot qui existe d'ailleurs déjà jusqu'à un certain point puisque ce terme, comme celui de «mosaïque», n'exprime qu'un idéal et non une réalité absolue. Bien sûr, l'attrait de la «québécité» sera toujours moins fort que celui de l'*American Dream* sur l'imagination des nouveaux arrivants, ce qui n'est pas nécessairement une mauvaise chose, les choix individuels opérés consciemment ayant toujours plus de conséquences que ceux qui apparaissent inévitables. Il ne s'agit donc aucunement de créer de nouveaux mythes qui justifieraient des pressions sociales et une intégration forcée des groupes non canadiens-français, comme on l'a fait aux États-Unis ou en France après la Révolution.

L'idéal serait plutôt de tendre vers une situation où les notions de majorité et de minorités n'ont plus de raison d'être, parce que les interconnexions entre les individus et les divers niveaux d'identités collectives sont trop complexes pour se laisser réduire à ce genre de division. On devrait en premier lieu cesser d'encourager et d'institutionnaliser ce morcellement de la société par toutes sortes de mesures visant à soutenir les «communautés culturelles». Les seules fonctions pertinentes d'institutions qui réfèrent à la pluralité ethnique du Québec sont de combattre toute forme de discrimination fondée sur les différences à ce chapitre et de faciliter l'intégration des nouveaux arrivants.

Pour les indépendantistes, la tentation pourrait être grande de calquer le discours multiculturaliste canadien dans le but de promouvoir le sentiment d'appartenance au Québec et l'idée d'indépendance au sein de ces communautés. Le président du Mouvement national des Québécois, M. Sylvain Simard, s'y est hasardé lors d'une fête de la Saint-Jean dans le quartier chinois de Montréal, sur les ondes de Radio-Canada. Avec des accents paternalistes typiques du discours multiculturaliste, il s'est essayé à annexer la danse chinoise du dragon à la culture québécoise: «On veut que ce soit une fête québécoise, chinoise-québécoise, qu'il y ait des dragons, qu'il y ait une culture chinoise dans tout ça, on est tout à fait d'accord. Mais on veut que ce soit une façon non pas de s'isoler, non pas de devenir folklorique, mais de s'intégrer au Québec» (CBFT, *Montréal ce soir*, 24 juin 1992).

Le problème est que cette vision mène justement au folklore et qu'elle n'encourage aucunement l'intégration à la culture majoritaire. La danse du dragon chinoise ne fait pas et ne fera vraisemblablement jamais partie de la culture québécoise, pas plus que les danses carrées ne feront partie de la culture chinoise si deux ou trois familles de Canadiens français décident d'émigrer à Shanghai. Il s'agit d'un faux débat.

Le fait est que la culture québécoise n'a rien à voir avec les danses traditionnelles d'une tribu ou d'une autre. Le folklore canadien-français a cessé d'être une caractéristique de l'identité québécoise lorsque l'émission *Soirée canadienne* (quelle confusion!) a disparu des ondes télévisées il y a plusieurs années. Aujourd'hui, les danses carrées et les chansons à répondre ne sont qu'un spectacle parmi d'autres à apprécier au Festival mondial du folklore de Drummondville.

La culture québécoise est constituée par la littérature, la danse, le théâtre, l'architecture, la peinture, la chanson et toutes autres expressions culturelles qui ont été développées depuis quelques décennies par des gens qui s'identifient à cette société. Cette culture est celle de tous les Québécois, ceux dont les ancêtres sont ici depuis trois siècles comme ceux qui viennent d'y immigrer. Si ces derniers souhaitent préserver des traits culturels de leur pays d'origine, il leur est tout à fait possible de le faire dans le cadre de leur vie privée. C'est leur affaire, ça ne concerne ni l'État ni les autres citoyens qui ne s'intéressent pas à leur folklore particulier. Le melting-pot québécois se chargera de transformer ces individus et leurs descendants et subira en retour une transformation à travers cette dynamique.

En cédant à la mode idéologique du jour pour atteindre le but plus rapidement, on risque de ruiner le projet d'une modernité québécoise amorcée avec la Révolution tranquille. Un contexte multiculturel ne justifie aucunement l'existence d'un espace collectif québécois distinct — pas plus qu'il ne justifie un espace collectif canadien. Un seul pays en Amérique du Nord ne serait-il pas bien plus «pluriel» et diversifié que ne le sont le Canada ou le Québec?

Ce confinement officiel des individus à leur espace ethnique, sous le vernis d'ouverture et de tolérance qu'il se donne, n'est qu'une forme pernicieuse de paternalisme. Il implique que le folklore et les mythes traditionnels sont plus acceptables pour certains groupes que pour d'autres. Qui plus est, il perpétue souvent, de façon plus subtile, une exclusion des «ethniques» des lieux de pouvoir et de participation dans les processus culturels, sociaux ou politiques de la société dans son ensemble. La perception s'installe inévitablement que si les membres des communautés culturelles doivent d'abord défendre les intérêts spécifiques de leurs communautés, on ne peut accorder une légitimité et une pertinence aussi grande à leur apport dans des questions qui concernent la collectivité tout entière. Ce terrain demeure alors la réserve des membres de la majorité, avec ici et là un ethnique de service pour faire bonne figure.

Le point de vue de l'idéologie multiculturaliste sur la nature humaine est fondé sur les mêmes prémisses que celui des racistes, même si la sensibilité morale de ces derniers est encore plus déficiente lorsqu'ils cherchent ouvertement à exploiter les divisions ethniques au profit d'un groupe particulier. Les deux maintiennent que le caractère individuel est déterminé par l'appartenance à une famille, à une race, à un milieu spécifique. Ce n'est qu'en laissant libre cours aux forces de métissage que l'on permettra à des individus responsables de se définir de façon autonome et de gravir eux-mêmes les échelons menant à des réalités collectives plus signifiantes[2].

L'exigence de profondeur ne se limite pas à la consolidation d'un espace collectif priviligié qui engloberait des appartenances plus restreintes. Il implique aussi le développement,

---

2. Les Amérindiens constituent évidemment une exception à cette règle. Le contexte historique fait en sorte qu'ils se considèrent, de façon parfaitement légitime, comme des collectivités distinctes. Les populations amérindiennes vivent plus ou moins à l'écart de la société québécoise, dans des communautés relativement isolées et éloignées des grands centres. Pour ces raisons, il serait irréaliste de les considérer comme des membres ordinaires de l'espace collectif québécois. Nier le désir d'autonomie des Amérindiens ne peut mener qu'à une recrudescence des conflits, comme on l'a vu avec les Mohawks ou les Cris ces dernières années.

La «légitimité historique» de l'existence de collectivités amérindiennes distinctes ne constitue toutefois pas une réponse à la problématique de l'aménagement des espaces collectifs. Au contraire, la thèse fondamentale de cet essai est que c'est le potentiel présent et futur de développement de la civilisation qui doit servir de balise. Et il est difficile de croire que des collectivités de quelques milliers d'habitants, dont la culture traditionnelle s'est effondrée et où prédomine l'individualisme barbare (anomie culturelle, alcoolisme, violence conjugale, etc.), puissent fonctionner comme des sociétés normales dans l'environnement planétaire du XXIe siècle.

Le discours idéologique des leaders nationalistes amérindiens met de l'avant, comme fondement de l'identité collective des peuples autochtones, le mythe réactionnaire de l'appartenance raciale et de la pureté génétique. Il confond le niveau d'évolution économique et technologique — la chasse et la pêche comme moyens de subsistance — avec l'identité culturelle. Les individus qui s'identifient comme Amérindiens ou métis sont pourtant des êtres humains comme les autres et si le tribalisme, l'exclusivisme racial, les mythes traditionnels et les distorsions idéologiques sont néfastes pour les «Blancs», ils le sont également pour ces individus.

Quel que soit l'aménagement collectif qui finisse par prévaloir, les rapports entre Amérindiens et non-Amérindiens auraient intérêt à être fondés sur le réalisme et la dignité de l'individu plutôt que sur les mythiques «droits historiques» versus la culpabilité paternaliste des Blancs, comme c'est le cas actuellement. Les espaces collectifs amérindiens survivront, et peut-être même s'épanouiront, s'ils arrivent à s'insérer de façon pertinente dans la société globale des années à venir. Sinon, ils disparaîtront, comme ont disparu avant eux des centaines d'autres collectivités qui ont perdu leur raison d'être et n'ont pas su s'adapter à un contexte en évolution.

à l'intérieur de cet espace collectif, d'identités collectives qui débordent l'étendue de celui-ci. Sans ces sentiments d'identification à des entités extra-nationales, l'humanité serait irrémédiablement divisée en collectivités fermées sur elles-mêmes, sauf pour ce qui est de protéger leurs intérêts sur la scène mondiale. Nous nous concentrerons sur les trois niveaux d'identité qui apparaissent comme les plus pertinents pour les Québécois: l'humanité, la francophonie et l'Amérique du Nord.

Durant les décennies soixante et soixante-dix, les artistes québécois ont mis en forme l'identité québécoise nouvellement créée; ils ont développé une esthétique pour exprimer leur sentiment d'appartenance à cette collectivité québécoise. Ce mouvement d'affirmation culturelle, qui se déroulait en parallèle avec un mouvement similaire sur le plan politique, a frappé le mur que l'on sait le 20 mai 1980. L'identité québécoise avait progressé tellement vite durant ces deux décennies que le mythe de l'existence objective du «peuple québécois», et de son désir logique de «libération nationale», a empêché les nationalistes de comprendre qu'il était encore trop tôt pour procéder à un réaménagement radical des espaces collectifs.

Il devenait difficile, après le référendum de 1980, de chanter le Québec, de mettre en forme un espace collectif auquel une majorité de ses membres refusait d'accorder une légitimité complète. La crise économique du début de la décennie quatre-vingt, ainsi que la montée, en Occident, d'idéologies justifiant l'individualisme barbare, se sont ajoutées à la défaite référendaire pour créer un climat de morosité chez ceux qui valorisaient l'identité québécoise, et en particulier chez les artistes. On a alors parlé d'un «retour au privé», de la fin des illusions collectives. Mais il n'y a toutefois pas eu de retour en arrière, la modernité québécoise a continué à imposer ses normes et à se propager, malgré la crise que connaissaient le mouvement et l'idéologie nationalistes.

Même si elle est apparue comme un revirement désastreux dans un processus qui suscitait la fierté et l'enthousiasme, la défaite référendaire peut être vue comme un événement positif pour le développement à plus long terme de la civilisation au Québec, de la façon dont nous l'entendons dans cet ouvrage. L'échec du mouvement nationaliste a, semble-t-il, provoqué un rééquilibrage des motivations individualistes et collectivistes qui a eu des effets bénéfiques, en particulier dans les domaines de l'économie et de la culture.

Malgré les inévitables excès d'individualisme barbare qui ont accompagné le phénomène, l'importance accrue accordée au développement économique durant la décennie quatre-vingt aura en effet permis à l'économie québécoise de devenir plus dynamique, plus diversifiée et plus contrôlée localement qu'elle ne l'était auparavant. La défaite référendaire n'a bien sûr pas provoqué à elle seule cette évolution, mais on peut supposer que le ressac individualiste qui l'a suivie a facilité le changement dans les mentalités qui était en cours depuis quelques années. Une plus grande légitimité accordée aux motivations individualistes n'a pu que favoriser la montée d'un entrepreneurship plus dynamique, un intérêt nouveau de la population pour la finance et l'économie en général, l'augmentation du nombre d'étudiants dans des disciplines administratives, l'agressivité des producteurs québécois sur les marchés internationaux, un nouveau pragmatisme chez les organisations syndicales et d'autres facteurs qui ont amené les résultats positifs que l'on connaît aujourd'hui.

Sur le plan culturel, une victoire du OUI au référendum aurait eu pour effet de sanctionner tous les mythes qui s'étaient rapidement construits autour de l'identité québécoise et du «destin national» des Québécois. Au contraire, ces mythes ont été fortement ébranlés, et les créateurs québécois se sont vus forcés de chercher leur source d'inspiration ailleurs que dans leur sentiment d'appartenance au Québec. Ils auraient pu alors se tourner vers la culture de masse mais il semble bien que la majorité ait fait un autre choix, soit celui d'exprimer d'autres niveaux d'identités collectives.

Ce «retour au privé» que l'on a remarqué, cette réappropriation du «moi», d'un discours plus personnel, ne constituent-ils pas une étape nécessaire dans l'expression de valeurs plus profondes, plus universelles? Nous avons vu que l'individualisme peut être barbare, mais qu'il peut aussi exprimer une forme d'humanisme qui transcende les identifications collectives à des niveaux plus restreints. Au Québec, le passage d'une inspiration créatrice motivée surtout par un sentiment d'appartenance nationale à une autre visant à mettre en forme des identités collectives plus abstraites s'est fait de façon assez radicale à la suite du référendum. Évidemment, ces niveaux d'identification existaient auparavant. Mais, encore une fois, cette rupture historique semble avoir accentué ou même exagéré une évolution que la plupart des sociétés «normales» n'ont en général pas de raison de connaître, parce que leurs espaces collectifs sont aménagés de façon plus stable et permanente.

Un chanteur québécois a défini ainsi cette évolution: *En 1970, on créait le Québec. Depuis le milieu des années quatre-vingt, on crée au Québec*[3]. On chercherait donc maintenant à exprimer une identité humaine, telle qu'elle se conçoit et se vit dans un contexte québécois. Et c'est probablement pour cette raison que la culture québécoise connaît, depuis quelques années, un succès assez spectaculaire au niveau international, compte tenu du fait que la population québécoise au complet n'équivaut même pas à celle des agglomérations parisienne, londonienne ou new-yorkaise. Les films, le théâtre, la chanson, la danse ou la littérature en provenance du Québec sont remarqués dans les festivals internationaux et sont appréciés ailleurs dans le monde parce qu'on se reconnaît dans l'humanité qui y est exprimée, malgré le contexte différent. C'est ce développement qui constitue la civilisation québécoise, non les ceintures fléchées que plusieurs au Canada anglais aimeraient bien nous voir encore porter pour faire plus «multiculturel».

Les Québécois (ou du moins ceux qui s'identifient comme tels) ont réussi, durant la décennie qui a suivi le référendum, à relativiser leur identité nationale sans renier les acquis des années précédentes, et à trouver un nouvel équilibre plus fructueux quant à leurs multiples appartenances collectives. Parmi ces dernières, la francophonie occupe bien sûr

---

3. Richard Séguin, interviewé dans *La Presse*, le 23 février 1989.

une place privilégiée, pour des raisons historiques et culturelles évidentes. Les nombreuses sociétés qui utilisent le français comme langue principale ou langue seconde ont peu en commun, outre cette caractéristique linguistique. Mais le resserrement graduel de liens qui unissent cet espace francophone international pourrait amener le développement d'une sensibilité commune, aussi limitée soit-elle, en plus, et c'est là probablement son principal avantage, de faciliter les communications et les échanges à tous les autres niveaux. La francophonie, en tant que deuxième aire culturelle en importance au monde, apporte au Québec, c'est devenu un cliché, une ouverture sur l'extérieur qui contribue directement à l'approfondissement de la civilisation sur son territoire.

Mais le Québec est également, et peut-être avant tout, une société nord-américaine. Accentuer la nord-américanité du Québec implique un changement de priorités dans les rapports que nous entretenons avec les autres régions du continent.

Il suffit de regarder un carte géographique pour constater immédiatement que le Québec est intégré dans une région bien distincte du continent, le Nord-Est et le bassin des Grands Lacs. Cette région possède de nombreuses caractéristiques qui lui sont propres. C'est ici que se sont développées au XIXe siècle les grandes métropoles industrielles qui ont soutenu la richesse et le développement du Canada comme des États-Unis. Montréal a été la porte d'entrée des immigrants qui ont peuplé le reste du pays et pendant longtemps aussi son cœur économique, alors que New York, Boston et Chicago jouaient le même rôle chez nos voisins du sud.

Cette région a fait partie du berceau colonial de l'Amérique du Nord et les liens culturels qu'elle garde avec l'Europe sont plus étroits et plus pertinents que dans le Sud et l'Ouest où l'on se tourne plus volontiers vers l'Amérique latine et vers l'Asie. Qu'il s'agisse de climat ou d'architecture, cette région fait preuve d'une certaine unité qui la distingue du reste du continent.

Au Québec, on sait tout des déboires des pêcheurs de l'Atlantique ou des fermiers des Prairies. Mais quand entend-on parler dans nos médias de ce qui se passe chez nos voisins les plus proches, le Vermont, le New Hampshire, le Massachusetts, New York? Strictement jamais! Les spécialistes québécois des États-Unis se comptent sur les doigts de la main et nous restons incroyablement ignorants de ce qui s'y passe même si nous en subissons éventuellement l'influence plus que partout ailleurs.

Promouvoir la dimension nord-américaine de l'identité québécoise signifie développer des liens plus étroits avec ces villes et régions américaines à notre porte, sans oublier bien sûr Toronto et l'Ontario avec qui nos échanges sont déjà importants. Une intégration nord-sud conforme à notre situation géopolitique, déjà amorcée depuis l'Accord de libre-échange avec les États-Unis, risque d'être bien plus fructueuse que les disputes constantes avec les parties lointaines du continent qui forment une union politique artificielle avec nous.

Pour le meilleur ou pour le pire, les États-Unis sont actuellement la première puissance économique, politique, culturelle et militaire au monde. À cause de son histoire et de la composition de sa population, la société américaine est, pourrait-on dire, une société fondée sur des éléments «résiduaires», là où tout aboutit: vagues d'immigrants et de réfugiés, idées, opportunités et rêves impossibles à réaliser ailleurs. Il s'agit là bien sûr du mythe américain, mais les Américains se définissent justement par rapport à ce mythe, non en invoquant des caractéritiques spécifiques qui ne pourraient vraisemblablement rassembler une population aussi hétéroclite et la distinguer du reste du monde. C'est pourquoi le chauvinisme américain, ce sentiment d'appartenance hypertrophié, peut coexister avec un laxisme presque total quant à la détermination des caractéristiques qui identifient les membres du groupe: est Américain qui désire participer au rêve, accepte les règles du jeu et vénère le drapeau.

L'attitude qui domine aux États-Unis est celle de l'individualisme. Puisque aucune caractéristique concrète ne peut vraiment définir objectivement l'identité américaine, puisque le monde entier parle la langue des Américains, adopte les idéaux politiques et le credo économique qu'ils défendent depuis toujours, et importe la culture populaire qu'ils produisent, cette société peut difficilement se définir d'un point de vue collectiviste, par opposition à d'autres espaces collectifs. La société américaine se définit plutôt comme un espace où l'individu cherche à réaliser ses désirs le plus librement possible, qu'il s'agisse d'obtenir des GPi ou des GPc sur quelque plan que ce soit. C'est pourquoi les Américains semblent parfois surpris que l'on puisse vraiment prendre au sérieux des identités nationales concrètes, eux qui vivent dans un contexte où ces mêmes identités ont été relativisées et se sont fondues les unes dans les autres.

Cette prépondérance de l'individu ainsi que l'absence relative, chez une partie importante de la population, de sentiments d'identification qui se concrétisent dans une éthique et une esthétique particulières, font évidemment de cette société le paradis de l'individualisme barbare: culture populaire de masse omniprésente, indifférence envers la pauvreté, violence, bêtise généralisée, sacralisation du dollar, culte du superficiel, du facile, du rapide, etc. On a tout dit à ce propos. D'un point de vue «civilisé» tel que nous l'entendons ici, cela ressemble à un désastre. Mais peut-être la civilisation américaine s'exprime-t-elle sur un autre plan moins évident, plus abstrait et plus signifiant, un plan sur lequel le Québec aurait intérêt à se brancher.

L'hypothèse est la suivante: la difficulté de donner un sens à la vie à travers des identités collectives intermédiaires trop mouvantes, trop relativisées, trop superficielles, ferait en sorte de créer un terrain propice à une exploration plus profonde chez ceux qui s'en donnent la peine. Un contexte où règne ce relativisme permet tous les points de vue, ce qui mène probablement à la médiocrité dans la majorité des cas, mais aussi potentiellement à une perspective plus large et plus objective lorsqu'on peut tirer profit de l'absence de contraintes culturelles et intellectuelles, de l'absence des questionnements omniprésents sur l'identité du groupe. (Qui sait à quoi se seraient occupées plusieurs générations d'esprits québécois, sans les questions du nationalisme et de la langue?) En bref, l'importance relative dans la société américaine de l'individualisme barbare, ainsi que le sous-développement relatif des sensibilités éthique et esthétique à des niveaux d'identification plus concrets, créeraient une certaine «opportunité spirituelle» à accéder à des niveaux plus élevés.

Par exemple, un véritable débat scientifique sur le sens de la vie et de la conscience dans l'univers se déroule aux États-Unis avec une intensité et un intérêt populaire qui n'existent nulle part ailleurs. La propension des Américains à l'universalisme pousse une majorité d'entre eux à être totalement ignorants du reste du monde, mais elle incite aussi les intellectuels à prendre le monde entier comme objet d'étude. Les sciences sociales modernes sont nées aux États-Unis et si les penseurs américains ont eux aussi leurs préjugés et passent beaucoup de temps à tenter de rationaliser les mythes nationaux, ils s'appliquent plus souvent qu'ailleurs à expliquer l'expérience humaine de façon réaliste et pragmatique.

En plus d'être la patrie de Mickey Mouse et de Rambo, les États-Unis sont aussi le pays de la recherche fondamentale, des meilleures universités au monde et de l'exploration spatiale. La compréhension et le contrôle de la réalité, en tant qu'objectifs universels, font aussi partie du mythe américain. Enfin, d'un point de vue moins rationnel, c'est également aux États-Unis que pullulent les sectes, les utopies et les expérimentations philosophiques de toutes sortes.

Les artistes et les intellectuels québécois, comme avant eux les curés, ont longtemps mis presque exclusivement l'accent sur le côté barbare de la civilisation américaine et sur l'influence néfaste qu'elle exercerait sur le Québec. On devrait cependant reconnaître que la culture de masse hollywoodienne n'«exporte» pas la barbarie américaine, mais plutôt qu'elle se rend là où des masses individualistes barbares sont à la recherche de gratifications. Si c'est le cas maintenant dans tous les recoins de la planète, ce n'est pas la faute des États-Unis mais c'est plutôt à cause de la fragilité des structures sociales traditionnelles dans un monde qui évolue de plus en plus rapidement.

Évidemment, et c'est là justement l'un des aspects les plus remarquables du potentiel québécois, il n'y a pas de choix exclusif à faire: le Québec *peut* garder tous les avantages éthiques et esthétiques que procure la diffusion, au sein d'une population, de sentiments d'appartenance à une collectivité relativement restreinte et plus concrètement définie, tout en ayant le privilège de participer, plus directement qu'aucune autre société dans le monde, à l'aventure américaine. La nord-américanité pourrait ainsi insuffler au Québec une propension à l'universalisme qui échappe ordinairement à des sociétés trop centrées sur leurs propres problèmes de définition et d'identité, trop préoccupées de poursuivre des biens collectifs dans une perspective strictement nationale.

Nous nous sommes donné pour mission, au début de ce chapitre, de voir dans quelle mesure des incidences historiques et une position géographique particulière se sont conjuguées pour faire de l'espace collectif québécois une société qui possède un potentiel de développement exceptionnel. Les effets de la Révolution tranquille et de l'échec du référendum de 1980 ont ainsi permis une évolution extrêmement rapide d'une société traditionnelle à une société moderne, créatrice et dynamique. Qui plus est, en tant qu'espace nord-américain et majoritairement francophone, le Québec est situé au confluent des voies de communication culturelles et intellectuelles les plus importantes à l'échelle mondiale. Peu de sociétés dans le monde jouissent d'une situation qui sert si bien les exigences d'équilibre et de profondeur.

Si le Québec s'est beaucoup développé dans les dernières décennies, il n'en reste pas moins que ce que nous exprimons ici n'est, répétons-le, qu'un potentiel. Et il faudrait être bien prétentieux pour affirmer que la civilisation, dans cette société, a atteint un niveau de rayonnement qui en fait un modèle pour le reste du monde. Dans bien des domaines, et notamment sur le plan intellectuel, nous restons dans les ligues mineures, alors que Montréal par exemple, ville bilingue, pluraliste, ouverte sur les réalités européennes comme sur celles de l'Amérique du Nord, avec ses quatre universités, possède tous les atouts pour devenir un carrefour international de l'information, de la recherche et de la réflexion.

Si, comme nous l'avons suggéré précédemment, une meilleure compréhension de la réalité permet de développer et de soutenir des identifications plus riches de sens, il faudra bien s'attaquer un jour à la médiocrité et au conformisme qui caractérisent encore la vie intellectuelle au Québec. Après les transformations bénéfiques dans les comportements sociaux, la politique, l'économie et la culture, la prochaine révolution devra être celle de l'éducation, de l'information et de la pensée si nous souhaitons que l'évolution positive des trente dernières années se poursuive. Il n'en tient qu'à nous de concrétiser le potentiel québécois, dans ce domaine comme dans les autres.

CHAPITRE VIII

Un Québec indépendant
1. Motivations collectivistes

Existe-t-il un «peuple québécois» ou une «nation québécoise»? Dans le Québec des années quatre-vingt-dix, la question paraît presque absurde tellement le consensus à ce sujet, au sein des francophones à tout le moins, s'est uniformément imposé. On ne s'accorde pas encore tout à fait pour définir le statut politique que devrait avoir ce peuple, ni pour déterminer exactement ce qui fait sa distinction, mais il est indéniable, semble-t-il, qu'il existe et que l'on peut donc lui attribuer toute la série de «droits inaliénables» (historiques, collectifs, à l'autodétermination, à l'intégrité territoriale, à la représentation internationale, etc.) qu'un bon génie a eu un jour l'heureuse idée d'inventer pour gratifier les peuples de ce monde.

Même les fédéralistes québécois ont pratiquement cessé de soutenir l'idée d'un Canada uni en invoquant l'identité canadienne, ou un quelconque sentiment d'appartenance au Canada. À les entendre, on comprend que le maintien du Québec dans la fédération n'est encore souhaitable *que parce que les intérêts du peuple québécois y sont mieux protégés*. Les intérêts collectifs réfèrent à une situation, propice ou non à l'obtention de biens collectifs pour le groupe, par rapport à un environnement qui est extérieur à celui-ci. Dans cette logique, le Canada n'est donc plus une collectivité véritable, le fondement d'un sentiment d'appartenance, de motivations collectivistes et de sensibilités éthique et esthétique, mais simplement un contexte, un environnement externe pour le Québec.

Le très fédéraliste ministre libéral Claude Ryan, interprétant ce qu'il considère comme le message essentiel d'André Laurendeau lors d'un colloque consacré à celui-ci, affirme lui aussi que le Québec n'est pas une «communauté culturelle», c'est une nation (La Presse, 20 mars 1989). À ce titre, pourquoi les anglophones du Québec n'en formeraient-ils pas une, eux aussi? L'ex-chef du Parti Égalité/Equality Party, Robert Libman, ne faisait-il pas référence aux «deux peuples fondateurs du Québec» après son entrée à l'Assemblée nationale à l'automne 1989 (Le Devoir, 1er décembre 1989)? Les anglophones du Québec seraient-ils donc à leur tour en train de prendre conscience de leur véritable personnalité collective et du destin national qui lui correspond?

L'ironie est une forme d'humour où l'on se moque de certaines idées, personnes ou situations en prenant un recul et en confrontant leur aspect trop sérieux et grandiloquent à un autre point de vue implicite qui les relativise. Il est facile par exemple d'ironiser sur l'idée du West Island comme «foyer national du peuple anglophone du Québec». Mais est-on suffisamment capable de prendre du recul, au Québec, pour relativiser cette notion de «peuple québécois»?

La discussion sur les identités collectives dans la première partie de cet essai a voulu montrer que le contenu et les limites de l'identité d'une collectivité ne peuvent jamais être parfaitement définis. Une identité ne peut qu'avoir un caractère partiel, subjectif, relatif et contingent et non, comme l'idéologie nationaliste tente de nous le faire croire, universel, objectif, absolu et nécessaire.

Cela s'applique à l'identité de la collectivité québécoise comme à toutes les autres. Aucune caractéristique servant à définir ce qu'est cette collectivité québécoise ne peut faire l'objet d'un consensus total au sein de la population du Québec. Une constatation parallèle nous indique qu'il est impossible d'assigner de l'extérieur, d'un point de vue parfaitement objectif, les caractéristiques qui définissent cette collectivité.

Seule une approche subjective, tenant compte du point de vue de chaque individu qui prétend être membre de la collectivité en question, peut nous permettre une quelconque observation, nécessairement approximative et limitée. Comment en effet peut-on prétendre qu'une nation existe objectivement avec tel et tel caractère national lorsque la moitié seulement de ses membres présumés disent s'identifier en premier lieu à elle?

L'identité quécoise est née durant la Révolution tranquille, dans des circonstances politiques, sociales et institutionnelles qui auraient pu être tout à fait différentes. À moins de croire en une nécessité historique, dont le fondement ne peut provenir que d'une intervention surnaturelle, on doit se rendre à l'évidence et accepter que l'existence d'entités collectives spécifiques se perpétuant à travers les âges n'est qu'une construction mythique. À cet égard, la référence couramment entendue au «peuple québécois» en parlant de la population francophone sous le Régime français, ou durant les événements de 1837-1838, est une pure vue de l'esprit. Ces populations avaient d'autres caractéristiques, s'identifiaient autrement, et s'il est possible de parler d'un lien de filiation entre elles et le Québec actuel, il ne peut être question de la persistance du même espace collectif à travers des époques différentes.

La déclaration du ministre Ryan n'a, elle non plus, aucun fondement objectif, elle exprime simplement une prétention, ou une aspiration. Il n'existe aucune différence d'essence entre une «nation», un «groupe ethnique», une «société distincte» ou une «communauté culturelle», mais simplement une différence de perception et de jugement de la part du sujet qui identifie ces collectivités. Bien sûr, dans la mesure où le poids idéologique et politique de ceux qui partagent un certain point de vue est considérable — et, comme on le voit, le concept de «peuple québécois» est accepté même au sein du parti qui défend le lien fédéral — il devient effectivement possible de le propager et d'en faire une vérité qui semble de plus en plus objective, acceptée comme un fait qui n'a pas à être vérifié ou contesté. Mais cette unanimité idéologique ne suffit pas à créer une substance collective existant en soi, objectivement. *Le peuple québécois n'existe, en réalité, que dans l'esprit de ceux qui croient en faire partie.*

Comment alors est-il possible de justifier la production d'un bien collectif, qui plus est d'un bien aussi fondamental que celui de l'indépendance politique? Le discours collectiviste traditionnel des mouvements nationalistes a-t-il encore un sens?

Dans les deux chapitres précédents, nous avons soutenu que l'aménagement collectif qui offrait le potentiel de développement de la civilisation le plus élevé était celui qui identifiait le Québec, et non le Canada ou le Canada français, comme espace collectif principal. Cette conclusion implique que l'indépendance politique du Québec devient une option souhaitable.

L'indépendance n'est pas une fin en soi. L'État souverain est un moyen et un instrument qui, dans le système actuel où dominent les États-nations, permet d'articuler efficacement la production de biens collectifs au niveau de l'espace collectif principal comme à d'autres niveaux. C'est l'État national qui sert de point de référence à la formulation et à l'exécution des mesures institutionnelles qui visent le bien-être des membres de la collectivité. Pour ajouter une définition plus traditionnelle, l'État est aussi l'institution qui possède légitimement le monopole de la force, c'est-à-dire du pouvoir de coercition utilisé pour contraindre des individus récalcitrants à contribuer à la production des biens collectifs (par exemple, on peut aller en prison pour toutes sortes de délits, ou perdre son permis de conduire si on ne suit pas les règles de sécurité de la route).

Rien ne permet de croire que ces pouvoirs devraient être exercés de façon exclusive au niveau de l'État national. Bien au contraire, l'existence d'institutions, étatiques ou autres, sub- et supra-nationales est infiniment plus propice à la production de biens collectifs multiples qui correspondent à différents niveaux d'identités collectives. Non seulement ces biens collectifs peuvent alors être produits plus efficacement mais les exigences d'équilibre et de profondeur peuvent aussi être mieux servies.

Historiquement, le monopole de l'État-nation sur l'exercice souverain du pouvoir ne constitue aucunement une forme absolue et permanente d'aménagement politique. Dans l'Europe médiévale par exemple, la souveraineté était diffuse et partagée entre divers paliers institutionnels, du domaine féodal à l'empire. Les États fédéraux comme le Canada et les États-Unis, ou d'autres institutions comme la Communauté européenne et l'ONU, sont des exemples actuels d'aménagements politiques qui contredisent la notion de souveraineté étatique totale.

L'objectif de faire du Québec un espace collectif principal pourrait donc, *a priori*, se réaliser dans le contexte d'une fédération canadienne décentralisée. Toutefois, l'appartenance du Québec aux institutions fédérales canadiennes ne peut se justifier que dans la mesure où cet aménagement collectif est bénéfique au développement de la civilisation sur ce territoire. Or, l'analyse que nous avons menée nous pousse au contraire à conclure qu'il est néfaste. Il existe des contradictions fondamentales entre le type d'aménagement collectif qui répond le mieux, pour la population québécoise, aux exigences d'équilibre et de profondeur, et les courants dominants dans le reste du Canada quant à la façon de définir l'espace collectif canadien.

Pour cette raison, l'exercice de la production des biens collectifs au Québec (la dynamique politique au sens large) ne peut que continuellement entrer en conflit avec celui qui a cours au Canada dans son ensemble. Est-il besoin de rappeler la suite ininterrompue de mésententes, entre le Québec et les gouvernements fédéral et des autres provinces, dans les domaines constitutionnel, économique, linguistique, de politique internationale, etc.?

Si la perpétuation de sentiments d'appartenance au Canada ou au Canada français est un horizon à éviter, il n'est possible de justifier le lien fédéral que par les avantages qu'il peut offrir quant à la protection des intérêts du Québec. C'est cet argument que les fédéralistes autonomistes présentent à l'heure actuelle avec la promesse d'une réforme constitutionnelle qui accorderait des pouvoirs accrus au Québec. Mais dans l'éventualité, fort probable, où les sociétés québécoise et canadienne(s)-anglaise(s) continuent d'évoluer dans les mêmes directions qu'au cours des décennies précédentes, il deviendra de moins en moins possible de concilier des intérêts de plus en plus divergents. Si le Québec a pu jusqu'à maintenant, grâce à son poids démographique et politique, évoluer de façon relativement autonome en une société moderne et dynamique, il n'est pas assuré qu'il en soit toujours ainsi. Par ailleurs, si l'énergie qui est gaspillée dans des conflits et querelles avec le reste du Canada va en augmentant, il deviendra vite évident qu'il serait plus productif de l'investir dans d'autres types d'activités.

La position indépendantiste défendue ici pose clairement le problème: l'identité canadienne, telle qu'on la définit généralement au Canada anglais, de même que l'identité canadienne-française, amoindrissent le potentiel de développement de la civilisation au Québec; par ailleurs, il est de moins en moins évident que les intérêts du Québec sont, et seront, mieux servis par l'existence d'un lien fédéral avec le Canada que sans celui-ci. Il revient aux fédéralistes autonomistes de faire la preuve que le système actuel est efficace et bénéfique et peut être réformé dans le sens des intérêts du Québec. L'échec de l'Accord du lac Meech a fait perdre leurs illusions à bon nombre d'anciens fédéralistes. Si cette analyse est correcte, la situation continuera de se détériorer, une réforme constitutionnelle apportant plus d'autonomie au Québec sera impossible à obtenir et l'argument sur les intérêts du Québec mieux servis à l'intérieur de la fédération continuera de perdre de sa crédibilité[1].

Pour reprendre notre jargon théorique, il convient donc de procéder à un réaménagement des espaces collectifs qui serait plus propice au développement de la civilisation au Québec. L'indépendance politique devient alors un bien col-

---

1. Depuis la rédaction de ces lignes, un autre accord constitutionnel raté est venu ajouter un nouveau clou au cercueil du fédéralisme renouvelé. L'Accord de Charlottetown, qui n'offrait rien de substantiel au Québec, a été rejeté par les électeurs canadiens lors d'un référendum le 26 octobre 1992.

lectif, dont la production nécessite un assentiment majoritaire de la population. En d'autres mots, une majorité de Québécois doivent être suffisamment motivés par cette idée d'indépendance pour contribuer à sa production en votant OUI à un autre référendum.

Nous revenons donc à la problématique développée dans le second chapitre, dans laquelle un mouvement collectiviste cherche à influencer le niveau de la contribution des membres du groupe à la production d'un bien collectif. Cette contribution, on s'en souviendra, est une fonction de la somme d'un certain nombre de variables:

$$NIV = f [(MOTIVc + MOTIVi + AF) UTIL + INC + COE]$$

La façon dont la dynamique de l'action collective a été analysée, au second chapitre, s'appuyait implicitement sur le fait que cette action se situe à un seul niveau d'identité collective. Les mouvements collectivistes se mobilisent en effet autour d'un sentiment d'appartenance singulier et luttent pour la production de biens collectifs sur le plan de ce seul sentiment d'appartenance. De la même façon, la motivation collectiviste à contribuer à la production de ces biens n'a généralement qu'une seule source. C'est par cette vision tronquée de la réalité que l'on peut expliquer le penchant réductionniste des discours idéologiques collectivistes. S'ils ne rejettent pas nécessairement l'existence d'autres niveaux d'identités collectives, ils cherchent toutefois à en diminuer la pertinence et à en accaparer les problématiques pour les ramener à de simples épiphénomènes de la problématique centrale qui est la leur.

Le nationalisme traitera ainsi tout phénomène social et individuel comme une manifestation de la réalité encadrée et définie par le «caractère national» et tout phénomène qui dépasse celui-ci sur la base d'une approche *inter*-nationale. Le marxisme réduit, quant à lui, les causes de tout phénomène historique et la finalité même de l'Histoire à une lutte entre les classes. Le féminisme radical prétend pouvoir expliquer les conflits, les structures sociales et économiques, les schèmes culturels ou même les formes du langage essentiellement à partir d'une critique du patriarcat et des rapports entre les sexes. Enfin, le discours religieux fondamentaliste (qu'il soit chrétien, musulman, juif, hindou ou autre) ramène tout à la volonté, aux commandements ou à la colère supposés de Dieu.

Toute notre approche méthodologique, de même que la philosophie qui en découle, sont au contraire fondées sur les prémisses suivantes: il existe de multiples niveaux d'identification collective; chacun d'entre eux, dans la mesure où il n'est pas mythifié, possède une certaine valeur et une certaine légitimité; enfin, ce sont les identités collectives les plus larges et abstraites, celles qui contiennent des liens et des formes d'une plus grande complexité, qui sont le fondement des éthiques et des esthétiques les plus profondes.

Les justifications qui soutiennent la production d'un bien collectif spécifique se doivent donc de tenir compte non seulement de l'identité collective en question, mais aussi de tous les autres niveaux dans une perspective d'équilibre et de profondeur. On pourrait ainsi reprendre la fonction qui décrit le niveau de contribution de l'individu et la modifier pour refléter cette perspective plus large:

$$NIV = f \, [\, (\, MOTIVc^1 + MOTIVc^2 + MOTIVc^3 + \ldots + MOTIVi + AF \,) \, UTIL + INC + COE \,]$$

Si la production d'un bien collectif important — par exemple l'indépendance du Québec — a des répercussions sur une large part de la réalité collective de l'individu, des motivations collectivistes fondées sur divers niveaux d'identités collectives devront s'additionner et se soustraire au cours d'un processus de réflexion considérablement plus subtil et complexe que celui auquel invite le discours collectiviste traditionnel.

Ce dernier, en se fondant sur son niveau exclusif d'identification, cherche à conscientiser et à motiver les membres du groupe à agir en soulignant l'inadéquation entre une situation utopique et la situation actuelle, invariablement jugée négative. Pour que ce gouffre entre idéal et réalité apparaisse le plus large possible, le discours collectiviste invoque typiquement les racines de la solidarité collective, les traditions glorieuses, l'âge d'or historique, les droits inaliénables de toutes sortes, le destin national, les exploits des héros et des martyrs, tout ceci dans le but de mythifier l'identité du groupe et de renforcer le sentiment d'appartenance de ceux qui s'y identifient. En même temps, et par une contradiction qui n'est qu'apparente, on insiste sur l'impuissance à se développer, l'oppression et les injustices que l'on subit, en associant ces calamités à une entité extérieure maligne ou à tout ce qui est considéré comme étranger.

Les membres du groupe n'y échappent pas non plus, à tout le moins ceux d'entre eux qui refusent de se conformer à la définition du «vrai» membre donnée par les militants. Lorsqu'ils ne sont pas tout simplement des «autres» dont il serait opportun de se débarasser, ils deviennent des «aliénés», des «assimilés» ou des «hérétiques» s'ils ont abandonné certaines caractéristiques collectives jugées fondamentales pour en adopter d'autres qui sont vues comme étrangères; des «inconscients» s'ils n'ont pas été suffisamment réceptifs au discours pour se rendre compte de la «véritable» situation qui prévaut; ou encore des «traîtres» et des «vendus» s'ils font passer d'autres considérations et d'autres intérêts avant les intérêts collectifs mis de l'avant par le mouvement.

Quand on prend comme objectif ultime le développement de la civilisation, c'est-à-dire quand on vise un idéal éthique et esthétique à tous les niveaux d'identification collective plutôt qu'à un seul, ces attitudes n'ont plus de raison d'être.

Si l'on doit sans hésitation rejeter, d'un point de vue éthique, toute forme de discrimination ou d'oppression envers des individus sur la base de leur appartenance à une collectivité quelconque, il existe une différence marquée entre une attitude ferme à cet égard et le discours misérabiliste des nationalistes et autres militants collectivistes. Ceux-ci rejettent systématiquement toute responsabilité propre en ce qui a trait à la condition qu'ils dénoncent et attribuent aux «oppresseurs» la cause de tous les malheurs, réels ou imaginaires, dont souffrent ceux qu'ils défendent. En se donnant bonne conscience de cette façon, les militants renforcent la mentalité de victime des membres du groupe et se donnent une excuse utile pour leur propre incapacité à agir et à se développer de façon autonome.

La logique du conformisme — qui vise à consolider le contenu de l'identité de la collectivité — et celle de l'exclusion — qui vise à en clarifier les limites — doivent être rejetées. On a vu, et on continue de voir dans plusieurs régions du monde, où mènent ces logiques lorsqu'elles sont portées à leurs extrêmes. Les zones floues qui subsistent nécessairement dans la définition du contenu et des limites de toute identité peuvent, dans une perspective globale, être vues comme des occasions de créativité, de passage d'un niveau à un autre, d'échange et de renouvellement, plutôt que comme des menaces à l'intégrité du groupe. De plus, quelle que soit l'action collective à laquelle on participe, il est possible de se sentir lié à d'autres niveaux à tout individu qui n'est pas membre de la collectivité en question, ne serait-ce qu'au niveau que fonde une humanité partagée. La reconnaissance de ce fait est incompatible avec une logique du conformisme et de l'exclusion à un seul niveau.

La mythologie nationaliste est de toute évidence inapte à répondre aux exigences d'équilibre et de profondeur. Il ne suffit pas de tenir un discours «modéré» et de prétendre ainsi éviter les excès auxquels elle peut mener. Il faut carrément reconstruire l'argumentation indépendantiste sur une autre base, qui ne doit rien à l'amalgame plus ou moins pleurnichard, utopiste, intolérant, passéiste et réducteur que constitue la vision nationaliste.

Nous avons soutenu dans les chapitres précédents qu'un aménagement des espaces collectifs qui privilégie l'identité québécoise présente le meilleur potentiel de développement de la civilisation. Si cette analyse est correcte, les motivations collectivistes à procéder au réaménagement approprié — produire l'indépendance — peuvent donc venir non seulement du niveau de l'identité québécoise, mais aussi d'autres niveaux d'identités: humaine, francophone, nord-américaine, etc. *C'est l'idéal de concrétiser pleinement le potentiel québécois de développement éthique et esthétique qui devrait constituer l'argument fondamental en faveur de l'indépendance du Québec, non le mythe du pauvre petit peuple conquis et opprimé par les méchants Anglais qui doit recouvrer sa liberté.*

En associant son option politique à cette vision positive du Québec plutôt qu'à celle qu'il a traditionnellement mise de l'avant, le mouvement indépendantiste québécois susciterait peut-être plus d'intérêt chez des individus jusqu'ici réfractaires à son discours. Un discours non nationaliste, misant sur le dynamisme du Québec moderne et mettant l'accent sur le rôle essentiel de l'identité québécoise dans l'établissement et la poursuite de ce dynamisme, ferait en sorte de rendre celui-ci plus attrayant pour cette moitié de la population québécoise qui ne s'identifie pas en priorité comme «Québécois».

Il ne suffit pas simplement, en effet, d'atteindre le chiffre magique de 51 p. 100 des voix, ou même de 55 ou 60 p. 100, qui permettrait à un gouvernement du Québec de déclarer l'indépendance. On voit mal comment le potentiel que nous avons décrit pourrait se réaliser si ce réaménagement politique répugne à plus de 40 p. 100 des citoyens du nouveau pays. Si des dizaines de milliers de Québécois non francophones ont quitté le Québec, depuis deux décennies, parce qu'ils se sentaient étrangers à l'évolution de cette société, on peut prévoir que des dizaines de milliers d'autres feront la même chose s'ils ne sont pas convaincus d'avoir un rôle à jouer au sein d'un Québec indépendant. Seuls les nationalistes traditionalistes, ceux qui considèrent encore le Québec comme le territoire exclusif de l'ethnie canadienne-française, peuvent se réjouir d'une telle perspective.

La myopie du mouvement nationaliste étant ce qu'elle est, ce n'est que tout récemment que l'on a commencé à se préoccuper de ce qui surviendrait *après* le «grand soir» de l'indépendance. Le fantasme de l'existence objective du peuple québécois a effectivement fait en sorte de masquer une réalité première, celle du caractère partiel et subjectif des identités des collectivités. Les nationalistes n'ont pas compris qu'il était nécessaire que l'identité québécoise continue à se développer, à se répandre et à se consolider avant qu'il soit possible non seulement d'envisager de faire l'indépendance, mais aussi de garantir qu'un Québec indépendant restera aussi dynamique qu'auparavant.

L'accession à l'indépendance a toujours été vue comme la fin de l'aliénation, à travers le prisme mythique de la «réconciliation du peuple avec lui-même». C'est pour cela qu'on a été si pressé de procéder à un référendum en 1980, alors qu'il était pourtant évident qu'une majorité de la population rejetait le séparatisme. Des excités au sein du Parti québécois ont même été jusqu'à réclamer une déclaration unilatérale d'indépendance après une simple élection générale, même dans le cas où le nouveau gouvernement aurait été élu avec une majorité simple des voix. Les exigences émotives qui commandent le comportement de ces individus les rendent complètement insensibles au problème de la légitimité du nouvel État, aussi bien aux yeux de la communauté internationale qu'à ceux de ses propres citoyens. D'un point de vue nationaliste, en effet, rien de tout ceci n'est pertinent puisque le peuple se sera alors enfin réalisé dans sa totale plénitude et les mécontents ne seront, de toute façon, que des «autres», qui pourront bien quitter les lieux si ça ne fait pas leur affaire.

Rien ne nous permet pourtant de croire que le fait de s'identifier comme Canadien ou Canadien français soit un signe d'aliénation, quelles que soient les autres critiques que l'on puisse par ailleurs formuler envers ces identifications collectives et les visions du monde qu'elles soutiennent. Seul le point de vue nationaliste mythifié qui pose, au départ, l'existence objective de la collectivité qu'il défend, peut prétendre que ceux qui s'identifient à une autre collectivité sont victimes d'une pathologie sociale et culturelle.

Ce fantasme de l'existence objective du peuple québécois, en plus d'être un mythe, constitue une menace au succès de l'entreprise indépendantiste dans l'optique défendue ici. Il est essentiel de consolider, avant le fait, la légitimité d'un éventuel État québécois souverain en promouvant un sentiment d'appartenance au Québec dans *tous* les secteurs de la société québécoise.

Les sentiments d'appartenance ne sont pas des états psychologiques qui peuvent se modifier sur demande, ou à la suite d'une simple évaluation rationnelle des coûts et des bénéfices. Ils sont l'aboutissement d'un processus graduel de socialisation, d'expériences ayant influencé la personnalité de l'individu tout au long de sa vie, de perceptions qui diffèrent selon l'âge, le niveau d'éducation, le milieu socio-économique, et d'autre variables.

On est en droit d'être optimiste en ce qui concerne la généralisation de l'identité québécoise au sein de la population francophone. En 1970 déjà, 21 p. 100 des résidants francophones du Québec s'identifiaient en premier lieu comme «Québécois», alors que 44 p. 100 s'identifiaient comme «Canadiens français» et 34 p. 100 comme «Canadiens». Sept ans plus tard, un autre sondage indiquait un net gain pour l'identité québécoise, maintenant adoptée par 41 p. 100 des francophones, alors que les identités canadienne-française et canadienne étaient respectivement choisies par 45 p. 100 et 13 p. 100 des répondants (Maurice Pinard, «Self-Determination in Quebec: Loyalties, Incentives, and Constitutional Options among French-Speaking Quebecers», in Davidson, W. Philips, Leon Gordenker, dir., *Resolving Nationality Conflicts: The Role of Public Opinion Research*, New York, Preager, 1980, p. 150-151). Comme on l'a déjà noté, cette évolution s'est poursuivie durant la décennie quatre-vingt et les proportions, en 1988, étaient de 49 p. 100, 39 p. 100 et 11 p. 100.

On peut donc prédire, sans risquer de se tromper, que l'identité québécoise dominera largement chez les francophones avant longtemps[2] et ce, pour plusieurs raisons. D'abord, une identité collective ne survit au sein d'une population que si elle correspond à une réalité sociale et culturelle suffisam-

---

2. S'il faut en croire un autre sondage plus récent mais moins complet, la proportion des francophones qui s'identifient comme «Québécois» serait maintenant de 62 p. 100. De même, chez les anglophones, ce pourcentage serait passé de 10 p. 100 à 17 p. 100.

Pour la première fois, une majorité de citoyens du Québec, soit 53 p. 100, professeraient donc une allégeance principale à l'espace collectif québécois plutôt qu'à celui du Canada ou du Canada français (*Le Devoir*, 9 avril 1991).

ment flexible et dynamique pour rester pertinente d'une génération à l'autre. Or, depuis 1960, c'est l'identification au Québec qui a été le fondement de la presque totalité de la production culturelle dans cette société. C'est aussi une vision du monde privilégiant l'espace québécois qui a été transmise aux jeunes générations à travers le système d'éducation. Enfin, c'est une motivation collectiviste correspondant à l'identité québécoise qui a été le moteur de la plupart des transformations institutionnelles depuis trente ans. Rien ne permet de croire que ce mouvement sera renversé dans les années qui viennent.

Par contraste, l'appartenance au Canada français n'a pratiquement rien inspiré depuis la Révolution tranquille. Il s'agit d'une identité collective déphasée, qui a perdu sa pertinence dans le Québec moderne. L'esthétique canadienne-française est soumise depuis longtemps au processus de folklorisation qui frappe inévitablement toute identité traditionnelle qui n'arrive pas à se renouveler.

Quant à la «culture canadienne», il s'agit moins là au Québec d'une mise en forme de l'identité canadienne que d'une manifestation du pouvoir de subventionner des institutions fédérales. Il serait en effet difficile d'identifier une production culturelle récente mettant en forme l'identité canadienne chez les francophones du Québec. Comment les identités canadienne-française et canadienne pourraient-elles se perpétuer au sein de cette population dans un tel contexte?

C'est d'abord au sein des générations les plus âgées, nées avant la Deuxième Guerre mondiale et arrivées à l'âge adulte avant la Révolution tranquille, que l'on s'identifie encore de cette façon. Au cours des années quatre-vingt, on a cru que l'appartenance au Québec n'avait plus aucun écho chez des jeunes préoccupés avant tout par la réussite personnelle ou l'écologie. C'est pourtant parce que cet attachement est devenu une réalité évidente et banale qu'il est inutile de s'en réclamer de façon bruyante et émotive, comme on le faisait durant les décennies précédentes.

S'identifier comme «Québécois» n'implique bien sûr pas un appui automatique à l'idée d'indépendance. Cependant, à

mesure que l'identification au Québec se généralisera chez les
francophones, il sera de moins en moins pertinent d'évoquer
«nos montagnes Rocheuses» pour défendre l'unité du Canada,
comme on l'a fait lors du référendum de 1980. Et l'accession à
l'indépendance sera alors vue non pas comme une tragédie,
mais comme un moyen parmi d'autres de favoriser les intérêts du Québec.

C'est surtout chez les non-francophones, de toute évidence, que se pose un sérieux problème d'identification au
Québec. Parce que la défense de la langue française a toujours été la composante la plus évidente du nationalisme
québécois, les non-francophones confondent généralement
identité canadienne-française et identité québécoise et se
sentent par définition exclus de, et même menacés par, toute
action collective ayant pour fondement un sentiment d'appartenance au Québec. Dans le parler anglais de Montréal,
«the *Québécois*» signifie bizarrement non pas les citoyens du
Québec en général mais seulement les francophones.

S'il apparaît difficile, à court terme, d'amener les non-
francophones à s'identifier en premier lieu à la collectivité
québécoise, peut-être en viendront-ils graduellement à accepter la légitimité d'un espace québécois distinct s'ils y trouvent
des gratifications à d'autres niveaux. Au-delà de la solution
traditionnelle — et toujours essentielle — qui consiste à intégrer les immigrants dans l'espace francophone et à promouvoir l'utilisation du français, on peut suggérer deux autres
moyens: favoriser la prospérité économique et le dynamisme
culturel des quartiers centraux de Montréal, et favoriser le
développement et la diffusion d'une culture anglo-québécoise.

Il est superflu de rappeler le poids prédominant que
tient Montréal dans la vie économique et culturelle du Québec. On peut donc vouloir favoriser la prospérité de Montréal
et son dynamisme culturel pour une multitude de raisons.
Nous n'avons pas, par ailleurs, de moyens concrets à propo-
ser ici. Il est toutefois pertinent d'ajouter un argument important à l'objectif de privilégier le développement de l'île de
Montréal: c'est là en effet qu'est concentrée la très grande majorité des Québécois non francophones, et c'est peut-être

d'abord en assurant leur appartenance à ce territoire que l'on pourra, ultimement, les attacher au Québec.

L'espace montréalais n'est pas défini par des caractéristiques ethniques, linguistiques ou culturelles. N'importe qui peut s'identifier à Montréal. On est Montréalais dès le moment où on habite cette ville et où on s'y attache. La logique du conformisme et de l'exclusion ne peut donc jouer d'aucune façon au niveau de l'identité montréalaise.

En privilégiant le développement et la prospérité des quartiers centraux de Montréal, qui perdent continuellement du terrain au profit des banlieues depuis plusieurs années, et en s'appliquant à renforcer le plus possible le sentiment d'appartenance à cette ville, peut-être parviendra-t-on à susciter, à long terme, un plus profond intérêt et une plus grande participation à la société québécoise dans son ensemble chez les non-francophones.

Notre seconde proposition apparaîtra plus controversée. Peut-on en même temps souhaiter la prédominance du français au Québec et favoriser le développement d'une culture anglo-québécoise?

Il est nécessaire de distinguer entre l'attrait de la langue anglaise comme moyen d'obtenir des GPi et son attrait comme moyen d'obtenir des GPc. Plus concrètement, il s'agit, dans le premier cas, de l'importance de la maîtrise de cette langue comme facteur d'avancement socio-économique dans un contexte nord-américain où elle domine; dans l'autre cas, de la possibilité d'accéder à des réseaux d'information et à un univers culturel qui permettent un élargissement des perspectives intellectuelles et l'obtention de gratifications de type esthétique.

Il est clair que c'est le premier genre d'attrait seulement qui constitue une menace à la survie du français au Québec. Parmi les facteurs qui peuvent inciter un individu à ne pas contribuer à la production du bien collectif «survie du français» — et donc à utiliser l'anglais — c'est une motivation individualiste négative qui constitue sans le moindre doute le facteur décisif. C'est l'attrait de l'anglais comme langue des affaires, du commerce avec le reste du continent, comme première langue de communication dans le monde, bref, comme langue du succès individuel, qui explique les «transferts linguistiques» des francophones et la propension des immigrants à l'adopter. On imagine mal qu'un nombre élevé de ces nouveaux anglophones aient été motivés à utiliser l'anglais dans leur vie de tous les jours par leur profond amour pour la langue de Shakespeare et pour la culture anglo-saxonne.

L'un des objectifs de la loi 101 a été de favoriser le français dans de multiples secteurs d'activité socio-économique de telle sorte que l'attrait relatif de l'anglais diminue pour les francophones et les allophones et que leur motivation individualiste à utiliser le français devienne sinon nettement positive (on peut douter que ce soit jamais possible dans la situation géopolitique que connaît le Québec), à tout le moins neutre.

Aussi longtemps que cet attrait économique de l'anglais reste relativement peu élevé, il n'existe aucune raison de considérer cette langue comme une menace, surtout en ce qui concerne l'information et la culture. On pourra rétorquer que c'est la culture de masse anglo-américaine qui mine les cultures plus authentiques dans le monde entier comme au Québec. C'est toutefois en s'attaquant aux conditions internes qui favorisent l'individualisme barbare et qui créent la réceptivité à la culture de masse que l'on pourra progresser sur ce plan, non en censurant cette dernière ou la langue anglaise.

Il a bien sûr toujours existé une vie culturelle en anglais au Québec mais elle s'inscrivait d'abord et avant tout dans un contexte canadien ou nord-américain et ignorait en général le contexte québécois et francophone. L'émergence récente d'une identité anglo-québécoise permettra peut-être d'approfondir les affinités entre culture québécoise en français et culture québécoise en anglais. L'espace collectif québécois a la chance d'être lié aux deux plus importants espaces linguistiques au monde[3], l'anglophone et le francophone. Pour des raisons évidentes cependant, l'anglais a longtemps servi de

---

3. Non, bien sûr, en termes de nombre de gens qui parlent ces langues mais plutôt de diffusion et d'influence au niveau planétaire.

repoussoir pour ceux qui s'identifiaient au Québec. Il est par exemple impossible de savoir ce qui se passe dans les milieux anglophones montréalais à travers les médias francophones, sauf lorsqu'il s'agit d'un nouvel épisode de l'interminable conflit linguistique. Une mise en forme de l'identité québécoise dans une langue autre que le français poserait un défi à la tendance nationaliste à rechercher l'unanimité et à vouloir imposer une barrière trop stricte entre «nous» et «les autres». La culture québécoise en serait certainement enrichie. De plus, un plus grand dynamisme et une plus grande visibilité de la culture anglophone (non de la culture de masse en anglais) pourrait faciliter une participation accrue du Québec aux aspects les plus signifiants de l'américanité, comme il a été suggéré au chapitre précédent. Il s'agit là d'un des aspects les plus prometteurs du potentiel québécois.

Une telle évolution apparaît encore plus cruciale dans l'optique d'une action collective visant à assurer la légitimité d'un espace québécois distinct. La seule façon d'inciter les anglophones à diminuer leur opposition viscérale à l'indépendance du Québec est de les amener à percevoir des avantages à vivre ici plutôt qu'ailleurs en Amérique du Nord. Ces avantages seront toujours nuls en ce qui a trait à l'obtention de GPi additionnelles. Miser sur un plus large accès à des gratifications éthiques et esthétiques s'avère toutefois un objectif plus réaliste.

Encore aujourd'hui, les anglophones sont souvent perçus par les francophones comme «les Anglais», cette minorité arrogante et privilégiée dont le rêve est la disparition du français au Québec. Cette réalité est pourtant obsolète depuis déjà un bon moment. La communauté anglophone actuelle est très diversifiée et confrontée à des problèmes aigus de vieillissement, de dénatalité et d'émigration des jeunes. Son influence politique au Québec s'est évaporée, son poids économique a été franchement réduit et, culturellement, le désarroi est grand devant la disparition effective d'un modèle de bilinguisme et de biculturalisme pancanadien auquel plusieurs ont sincèrement cru.

Il existe un nombre appréciable d'anglophones qui vivent ici *parce que* le Québec est ce qu'il est, différent, et dont le but est de s'intégrer à cette société dans la mesure où leurs liens culturels et linguistiques avec le reste du continent sont maintenus. Pour ces personnes, le Québec et surtout Montréal présentent de nombreux avantages: un endroit où il fait bon vivre[4]; un pluralisme culturel véritable; une plus grande ouverture et une plus grande tolérance de la part des individus envers la différence, malgré les conflits au niveau politique; la possibilité de vivre la «nord-américanité» d'un point de vue original, tout en ayant accès à la production culturelle et à l'information en provenance du reste du continent.

En misant sur ces avantages et en prenant des mesures concrètes pour montrer aux anglophones qu'ils ont une place dans cette société[5], peut-être serait-il possible d'enclencher une véritable dynamique de rapprochement entre les deux groupes. Une telle évolution n'aura pas lieu du jour au lendemain mais, à moyen terme, c'est la légitimité d'un espace québécois distinct ainsi que la pleine réalisation de son potentiel qui sont en jeu.

---

4. Selon une étude publiée en novembre 1990 par le *Population Crisis Committee* (Washington), Montréal est l'une des trois villes où il est le plus agréable de vivre au monde. Cette étude a tenu compte de dix facteurs: taux de meurtres, coût des aliments, espace vital, accès aux services publics, communications, mortalité infantile, qualité de l'air, pollution par le bruit, congestion de la circulation et éducation.

5. L'interdiction de l'affichage bilingue prônée par les nationalistes est une aberration. Le «visage français» de Montréal n'est qu'un mythe qui cache une réalité bilingue, une réalité qui est positive et qui doit être célébrée plutôt que dénigrée. Parmi la multitude de «messages» envoyés aux immigrants sur la nécessité de s'intégrer au Québec en français, celui-ci est le plus néfaste socialement et politiquement tout en étant probablement le moins efficace. S'assurer que le français est présent et prédominant partout est suffisant pour refléter la partie du visage de Montréal qui est française. Quant à l'accès à l'école anglaise, pourquoi ne pas le permettre à un petit nombre d'immigrants en provenance d'Amérique du Nord, ce qui ne changerait rien à l'équilibre linguistique actuel mais permettrait à la communauté anglophone de puiser dans son bassin démographique naturel pour renouveler ses effectifs? Prétendre, comme le font plusieurs, que cela créerait deux catégories d'immigrants n'est pas une objection pertinente. Sur ce plan, il existe effectivement deux catégories de citoyens au Québec, des francophones et des anglophones.

Encore une fois, ce n'est de toute évidence pas l'attitude nationaliste habituelle, plus portée à ignorer sinon à dénigrer systématiquement tout ce qui se rapporte aux anglophones, qui permettra d'arriver à un tel résultat. Montréal est une ville bilingue depuis deux cents ans. Dans la mesure où la prédominance du français n'est pas remise en question, il s'agit d'une réalité qu'il faut accepter et dont il faut tirer parti. Le conflit linguistique qui accapare inutilement les énergies au Québec depuis des décennies continuera d'exister aussi longtemps que les intérêts du français et des francophones seront définis sur des bases nationalistes et défendus par des démagogues qui se prennent pour les gardiens de la nation.

❑

Est-il possible qu'un fort sentiment d'appartenance cohabite dans l'esprit avec une identité collective la plus abstraite et la plus ouverte possible? Peut-on éprouver un sentiment d'identification à une collectivité sans que des exigences émotives ne nous entraînent à mythifier l'identité de cette collectivité? Peut-on s'identifier comme Québécois, développer des sensibilités éthique et esthétique qui correspondent à ce niveau d'identité et garder en même temps les yeux ouverts devant sa nature subjective, partielle, relative et contingente? Ce sont ces interrogations qui sous-tendent véritablement la «question nationale» québécoise.

Pour les nationalistes, au contraire, cette question se résume littéralement à celle posée au début de ce chapitre: Existe-t-il un «peuple québécois»? Lorsqu'on y répond positivement, c'est cette croyance qui soutient alors la logique collectiviste, ses mythes, ainsi que ses conséquences néfastes. Il s'agit pourtant d'une question absurde et non pertinente. Oui, le peuple québécois existe, dans les représentations mentales d'individus qui s'identifient à une collectivité qu'ils nomment de cette façon. Non, il n'existe pas dans le sens que les nationalistes imaginent, comme entité objective délimitant un groupement d'individus en le distinguant de façon absolue des autres êtres humains.

En fait, si les termes de «peuple» et de «nation» ne possédaient pas ces qualités pratiques de susciter l'émotion, de provoquer la solidarité ou de légitimer des pouvoirs, et cela de façon beaucoup plus efficace et élégante que le terme d'«espace collectif principal», on serait même tenté de souhaiter tout simplement leur disparition du vocabulaire courant. La clarification sémantique qui en résulterait ne pourrait qu'avoir des effets bénéfiques.

Le point de vue fédéraliste condamne lui aussi cette sacralisation du phénomène national. Opposés en théorie au repli nationaliste, les fédéralistes appellent à un dépassement des identités nationales restreintes et à une cohabitation pacifique des multiples «communautés culturelles» au sein du grand tout canadien. En pratique, cette vision mène toutefois à une autre forme de repli pour les Québécois francophones, un repli sur une identité folklorisée et sur un statut minoritaire constamment renégocié.

Les fédéralistes aiment bien donner l'exemple de la Communauté européenne pour démontrer que l'indépendance du Québec viendrait à contre-courant de l'histoire. Et pourtant, c'est le Canada tel qu'il est défini et tel qu'il fonctionne présentement qui mène à l'esprit de clocher. Le véritable équivalent pour le Québec du processus de construction qui a cours en Europe n'est pas une plus forte intégration dans la petite entité qu'est le Canada — plus petite démographiquement que bien des pays européens — mais plutôt son intégration directe dans la communauté internationale, la francophonie et le continent nord-américain dans son ensemble. C'est l'aspect économique de cette intégration nord-américaine qui sera discutée dans le chapitre qui suit.

CHAPITRE IX

Un Québec indépendant
2. Motivations individualistes

Dans une entrevue qu'il donnait au journal *Le Devoir* en mai 1978, le chef actuel du Parti québécois, Jacques Parizeau, affirmait que «ce n'est pas pour des raisons économiques mais plutôt dans l'expression d'un ardent désir d'identité à leur pays que les Québécois se prononceront en faveur de l'indépendance politique». Il se disait toutefois convaincu que «l'indépendance permettra au Québec de réaliser une meilleure performance économique que sous l'actuel régime fédéral».

Toute l'ambiguïté qui caractérise le projet souverainiste depuis ses débuts est présente dans cette déclaration: dans une société moderne, de plus en plus matérialiste et individualiste, comment faire en sorte qu'une majorité de la population appuie un mouvement qui se définit d'abord par des préoccupations collectivistes, éthiques et esthétiques? Comment offrir des gratifications de type individuel à ceux qui restent peu sensibles à la dimension collective québécoise et peu réceptifs aux GPc qui en découlent?

Le problème fondamental qui se pose est celui des coûts économiques éventuels d'une accession à l'indépendance de l'État québécois. Si ces coûts appréhendés sont perçus comme trop élevés, une partie de la population qui s'identifie au Québec pourrait s'opposer au projet parce qu'elle ne veut pas risquer sa sécurité matérielle. À l'inverse, si ces coûts sont considérés comme négligeables ou même si l'opinion générale est que l'indépendance serait bénéfique pour l'économie québécoise, une partie de la population qui s'identifie plutôt au Canada français ou au Canada tout court pourrait appuyer le projet à cause des gains matériels qui y sont associés.

La solution historique du Parti québécois à ce dilemme a été le concept de «souveraineté-association», qui permet l'indépendance politique tout en gardant les avantages de barrières tarifaires minimes entre le Québec et le Canada. Cette association économique impliquait également une union monétaire: le Québec et le Canada auraient continué à partager l'utilisation du dollar canadien.

L'aspect moins effrayant de la souveraineté-association a certainement eu l'effet voulu, si l'on met de côté tous les autres éléments qui ont pu influer sur les résultats du référendum de 1980. Selon la plupart des analyses et des sondages qui ont été faits, environ 25 p. 100 seulement des Québécois auraient appuyé l'indépendance pure et simple. En ajoutant l'idée d'une association économique avec le Canada, le pourcentage de OUI est monté, comme on le sait, à 40 p. 100.

Le contexte économique en Amérique du Nord a cependant considérablement évolué depuis une décennie, jetant une lumière différente sur ces questions.

L'Accord de libre-échange entre le Canada et les États-Unis, entré en vigueur le 1er janvier 1989, a accentué le libéralisme commercial dans l'espace nord-américain. Un nouvel accord continental incluant le Mexique a été approuvé par les trois pays. Un Québec indépendant n'aura qu'à rester intégré dans cet espace économique pour garder un accès privilégié à ses principaux marchés. Même sans accord de libre-échange nord-américain, le Québec et ses voisins resteront soumis aux règles du GATT, au même titre qu'une centaine d'autres pays dans le monde.

Le scénario de l'isolement commercial du Québec et de la catastrophe économique qui s'ensuivrait n'a donc plus aucune validité. Malgré les ajustements à court terme, malgré les redéfinitions des politiques de subvention, malgré les possibles renégociations de traités — qu'y a-t-il d'exceptionnel dans tout cela? c'est ce que font constamment les gouvernements —, la question du commerce extérieur d'un Québec indépendant n'est plus un problème.

La question de la monnaie d'un Québec indépendant peut elle aussi être analysée sur fond d'une intégration accrue des ensembles économiques. Il s'agit toutefois d'une question plus complexe, à laquelle sera consacrée la majeure partie de ce chapitre.

La première option serait de créer une monnaie distincte, un «dollar québécois» par exemple. Selon la théorie économique, le principal avantage qu'offre une monnaie distincte est l'autonomie permise au niveau macro-économique dans la poursuite de politiques de stabilisation. L'objectif principal de ces politiques est de maximiser l'utilisation des ressources — et donc de réduire le plus possible le taux de chômage — tout en gardant sous contrôle le niveau de l'inflation. On les utilise pour contrer les effets des cycles économiques conjoncturels et des chocs extérieurs. Les deux principaux moyens disponibles au plan monétaire sont les suivants: 1. manipulation du taux de change, ce qui a pour effet d'augmenter ou de diminuer le prix des exportations et, inversement, celui des importations; 2. manipulation des taux d'intérêt et de la croissance monétaire, ce qui a pour effet d'augmenter ou de diminuer la demande interne.

Le contexte dans lequel se trouve le Québec réduit fortement la possibilité d'utiliser ces moyens de stabilisation. Dans le cas d'une monnaie à taux fixe, l'autonomie de la Banque du Québec serait à peu près nulle. Il deviendrait pratiquement impossible d'utiliser les taux d'intérêt pour influencer la demande interne, au risque de provoquer une fuite des capitaux. En taux de change fixe, en effet, la politique monétaire doit être assujettie à l'objectif de l'équilibre de la balance des paiements. Même en taux de change flottant, on voit mal quelle pourrait être la marge de manœuvre d'un petit pays comme le Québec lorsqu'on constate à quel point l'interdépendance mondiale force même les grands pays à tenir compte des influences extérieures. Les décisions de la Banque du Canada dépendent fortement de ce qui se passe à New York et à Washington, et la politique monétaire américaine est elle-même influencée par la situation au Japon ou en Allemagne. Une Banque du Québec ne pourrait que s'aligner sur les tendances nord-américaine et mondiale, au risque de se mettre à dos les marchés financiers internationaux.

Il est par ailleurs possible de soutenir que l'utilisation des deux moyens de stabilisation énoncés cause en général plus de tort que de bien à la performance de l'économie à long terme. Ce type de gestion selon le modèle keynésien a originellement été pensé, on l'a dit, pour modérer les excès des cycles économiques conjoncturels. De nombreux gouvernements en sont cependant venus à l'utiliser en permanence et de façon irresponsable pour tenter d'accélérer la croissance économique. Les exemples classiques sont ceux de la Grande-Bretagne, avec sa fameuse politique de «stop-go», et certains pays d'Amérique latine comme l'Argentine.

Le problème que pose ce type de gestion vient du fait qu'une augmentation articifielle de la demande ou une baisse artificielle du prix des exportations, même si elles peuvent, à court terme, provoquer une légère relance économique, ne changent rien à la productivité réelle de l'économie. Les cercles vicieux qu'entraînent ces politiques sont bien connus, même si les gouvernements continuent encore à succomber à la tentation de les utiliser.

Une hausse artificielle de la demande provoque ainsi à moyen terme une augmentation des importations, une hausse de l'inflation, une pression à la baisse sur la valeur de la monnaie, une fuite des capitaux et peut-être aussi un déficit budgétaire accru avec des difficultés de paiement des dettes à l'étranger.

De même, une baisse artificielle du taux de change, même si elle favorise à court terme les exportations et l'emploi, risque elle aussi d'entraîner une hausse de l'inflation et des dévaluations successives qui mineront toute confiance dans la monnaie et la performance à long terme de l'économie. Ces phénomènes sont d'autant plus prononcés que l'économie d'un pays est petite et ouverte et que la part du commerce dans le produit intérieur brut est élevée. L'inflation produite par des importations plus chères et la perte de concurrence qu'entraînent des salaires indexés à cette inflation y auront en effet un impact plus important.

Ce n'est donc pas la manipulation des instruments macro-économiques qui fait la prospérité à long terme d'une économie, et en particulier d'une petite économie ouverte comme celle du Québec, mais bien sa capacité de s'adapter aux changements et d'augmenter sa productivité réelle. Et cela nécessite avant tout des ajustements micro-économiques, dans les domaines de la recherche, de l'innovation technologique, de la formation professionnelle, de l'accès au capital de risque, de la mobilité de la main-d'œuvre, de l'information sur les marchés étrangers, etc.

Les unions monétaires favorisent justement ce type de bénéfices micro-économiques à long terme, en éliminant les risques découlant des fluctuations des taux de change ainsi que les coûts de transaction, d'information ou de négociation associés à l'existence de plusieurs monnaies. Si notre but est de renforcer la productivité du système économique, ces bénéfices devraient donc être considérés comme importants. Toute union monétaire a-t-elle cependant des effets positifs?

Un problème majeur vient du fait qu'à l'intérieur d'un espace monétaire donné coexistent de nombreuses régions, chacune possédant des conditions économiques particulières. Dans la détermination des facteurs ayant trait à la politique monétaire — taux d'intérêt, croissance de la masse monétaire, taux de change —, des régions pourront ainsi bénéficier d'un certain climat économique qui sera considéré comme néfaste par d'autres.

L'«union monétaire canadienne», telle qu'elle existe actuellement entre les dix provinces, présente de façon typique ce genre de problème. On sait que la péninsule ontarienne est la région qui, au Canada, possède le poids économique le plus déterminant et que c'est elle qui compte pour la plus grosse partie du commerce avec les États-Unis et le reste du monde. Dans cette région, le chômage est en général plus bas, et les pressions inflationnistes en général plus élevées, que dans le reste du Canada. Il est donc normal que les données sur les conditions économiques du Canada tout entier reflètent d'abord les conditions économiques du sud de l'Ontario et que la Banque du Canada, en manipulant les instruments monétaires, réponde d'abord et surtout aux besoins de cette région.

Dans les faits, cela signifie que le reste du pays, y compris le Québec, doit presque toujours subir des taux d'intérêt et un taux de change plus élevés qu'il ne serait nécessaire pour son bon développement. Ces conditions font en sorte de diminuer inutilement la compétitivité des industries exportatrices, de rendre plus difficile le financement des petites et moyennes entreprises et de ralentir de façon générale le rythme de création d'emplois.

Une association économique entre le Québec et le Canada, dans le cadre du projet de souveraineté-association, ne réglerait rien à ces problèmes. On peut même prévoir qu'elle les aggraverait.

Prenons le cas des politiques de stabilisation. Même après la sécession politique du Québec, le nouvel espace économique Canada-Québec, s'il ne possède qu'une seule monnaie, continuera à n'avoir qu'une seule politique monétaire comme c'est le cas actuellement. La Banque du Canada-Québec devra donc comme maintenant tenir compte des conditions économiques dans l'ensemble de l'union afin de déterminer sa politique monétaire. Un Québec indépendant partageant la monnaie canadienne ne pourra rien faire contre cet état de chose. Les banques centrales les plus efficaces sont celles qui dépendent le moins du pouvoir politique et il serait néfaste de remettre cette indépendance en question sous la pression d'un des gouvernements. On voit difficilement pourquoi le reste du Canada, et surtout l'Ontario, accepterait par exemple de subir un taux d'inflation plus élevé pour satisfaire les besoins de l'économie québécoise dans le domaine de la création d'emplois.

Le Québec devrait ainsi non seulement continuer à subir une politique monétaire modelée surtout sur les besoins du sud de l'Ontario, il aurait de plus une autonomie fiscale réduite pour contrebalancer ce désavantage. On pourrait penser en effet qu'un gouvernement du Québec souverain, ayant rapatrié d'Ottawa tous les pouvoirs d'imposition, de taxation et de dépenses, puisse utiliser ceux-ci pour aplanir les excès économiques conjoncturels dans un sens qui lui convient. Même en n'ayant pas accès à la manipulation des instruments monétaires, un gouvernement peut malgré tout utiliser des instruments fiscaux pour mettre en œuvre des politiques de stabilisation.

Toutefois, à cause de l'influence dont il jouirait dans la nouvelle union économique (plus élevée qu'actuellement à la suite du rapatriement de tous les pouvoirs), le gouvernement québécois ne pourrait se permettre de mener des politiques fiscales allant à l'encontre de celles de son partenaire canadien, au risque de déstabiliser le comportement des facteurs macro-économiques affectant l'union tout entière.

Par exemple, une politique plutôt déflationniste au Canada qui cohabiterait avec une politique de relance au Québec provoquerait des effets néfastes et imprévisibles sur le taux de change, les taux d'intérêt, la balance des paiements ou le niveau d'inflation dans les deux pays. La Banque du Canada-Québec serait l'objet de pressions contradictoires pour favoriser les politiques d'un pays ou de l'autre. Chacun des gouvernements accuserait son voisin de saboter ses politiques de développement économique. Le problème en ce qui concerne l'effet de la valeur du dollar sur la compétitivité des exportations québécoises resterait lui aussi insoluble. Dans tous les cas, on peut difficilement espérer que cette association fonctionne de façon efficace et harmonieuse.

L'une des façons de remédier à tous ces problèmes est de fractionner les ensembles monétaires en des unités de plus en plus petites, qui correspondraient ainsi aux besoins réels d'une seule région plus ou moins homogène. C'est ce que propose par exemple l'économiste torontoise Jane Jacobs (*Canadian Cities and Sovereignty-Association*, 1980). Selon elle, le Québec devrait avoir sa propre monnaie et même, dans une logique similaire, les régions du Québec devraient chacune constituer une entité monétaire distincte.

Poussée à sa limite logique, une telle vision mènerait à l'anarchie, puisqu'il serait impossible de prendre en considération dans les décisions économiques toute l'information qu'engendreraient des centaines de nouvelles monnaies. De plus, si l'on tient à garder les bénéfices micro-économiques de l'intégration monétaire et si l'on cherche justement à réduire l'importance de la manipulation des instruments qui ont trait à la politique monétaire dans la gestion globale de l'économie, c'est vers une solution tout à fait opposée qu'il faut se tourner. *Cette situation idéale serait celle d'un espace monétaire suffisamment large pour que, d'abord, aucune région ne soit de taille à influencer de façon déterminante la politique monétaire de l'ensemble et, inversement, pour que cette politique globale s'applique de la façon la plus neutre possible à toutes les régions.* Dans le cas du Québec, c'est son intégration à un espace monétaire nord-américain qui correspond le mieux à cette description.

Une union monétaire avec les États-Unis permettrait d'éviter les principaux problèmes que cause l'association avec le Canada. Dans un ensemble économique aussi gigantesque et varié que celui de l'Amérique du Nord, la neutralité des facteurs monétaires par rapport aux différentes régions est en effet une donnée de base du système.

Ainsi, l'économie québécoise pourrait fort probablement jouir de taux d'intérêt plus bas, puisque les taux canadiens sont systématiquement plus élevés que les taux américains. En ce qui concerne le taux de change, le problème serait là aussi évidemment éliminé, puisque les prix des produits québécois seraient calculés directement en devise américaine (ou nord-américaine). Le taux de change canadien toujours trop élevé pour les entreprises exportatrices québécoises cesserait donc d'être un casse-tête. Dans les deux cas, le Québec n'aurait plus à se soumettre à des conditions macro-économiques défavorables à cause d'une situation économique différente dans le sud de l'Ontario. Les prix des produits québécois refléteraient plus justement les conditions économiques prévalant au Québec et ne seraient plus gonflés sur les marchés américains à cause d'une inflation qui sévit surtout dans la province voisine.

Les crises provoquées par des déséquilibres dans la balance des paiements seraient évidemment inexistantes, en l'absence d'une monnaie distincte. Une plus grande mobilité des capitaux faciliterait les rééquilibrages à court terme. À long terme, c'est la productivité relative de l'économie québécoise qui ferait en sorte d'attirer les billets verts et d'augmenter le niveau de vie de la population du Québec.

Au chapitre des politiques de stabilisation, l'autonomie du gouvernement québécois serait, paradoxalement, accrue. Le Québec n'aurait bien sûr aucune influence sur la politique monétaire décidée à Washington et à New York (comme il n'en a aucune sur celle décidée à Ottawa présentement), mais il ne serait plus nécessaire d'aligner les politiques fiscales québécoises sur celles des autres régions de l'union. En effet, la petitesse relative de l'économie du Québec fait en sorte qu'aucune décision prise ici ne pourrait avoir un quelconque effet sur les taux d'intérêt, le taux de change ou la balance des paiements de l'ensemble nord-américain. Il s'agit là d'un avantage par rapport à une union Québec-Canada, où des politiques fiscales concertées seraient nécessaires pour garder les équilibres monétaires souhaités.

Bref, aussi bien sur le plan des politiques de stabilisation que dans les autres domaines économiques, une union monétaire avec les États-Unis — ou avec les États-Unis, le Canada et le Mexique[1] — semble mieux correspondre aux intérêts du Québec qu'une association avec le Canada seulement. En tant que région nord-américaine parmi d'autres, son autonomie serait plus considérable et les conflits décisionnels et politiques avec le Canada n'auraient plus de raison d'être. Les agents économiques québécois bénéficieraient des mêmes conditions monétaires globales que ceux des autres régions nord-américaines, en tout temps, ce qui est certainement préférable à l'incertitude et à l'instabilité qui prévaudraient fort

---

1. L'idée n'est pas aussi farfelue qu'on pourrait le penser. Selon *The Economist*, on en discuterait déjà comme une possibilité future dans les milieux politiques mexicains, dans le sillage d'un accord de libre-échange nord-américain (*The Economist*, 14 décembre 1991, p. 21).

probablement dans le cas d'une union Canada-Québec. En acceptant des règles uniformes à l'échelle continentale, le Québec pourrait se concentrer sur une stratégie à long terme pour tirer son épingle du jeu dans un ensemble économique auquel, de toute façon, il est inévitablement intégré.

Si ce problème de la monnaie est traité en détail ici, c'est qu'il constitue l'une des principales pierres d'achoppement dans la question des conséquences économiques de l'indépendance, malgré le peu d'attention qu'on lui a accordé dans tout ce débat.

Un fait que l'on a tendance à oublier est que cette question monétaire fut l'une des raisons majeures qui poussèrent l'ex-premier ministre du Québec, Robert Bourassa, à se dissocier de son collègue René Lévesque lorsque celui-ci mijotait son projet de souveraineté-association dans les mois qui ont précédé sa rupture avec le Parti libéral en 1967. M. Bourassa ne croyait pas en la viabilité d'une monnaie québécoise distincte et estimait que les contraintes qu'imposerait une monnaie partagée avec le Canada, dans le cadre de la souveraineté-association, rendraient inutile la souveraineté politique.

Sa thèse centrale selon laquelle une union monétaire nécessite une gestion fiscale harmonisée — et, conséquemment, une union politique et une «superstructure» institutionnelle pour coordonner cette gestion — est correcte dans le contexte d'une union Canada-Québec mais ne tient toutefois plus dans le cas d'une union monétaire nord-américaine, comme on vient de le voir. L'exemple européen dont il s'inspire (*cf.* «Les accents européens du fédéralisme rêvé de Robert Bourassa», *Le Devoir*, 8 février 1992) pour soutenir cette thèse n'est d'ailleurs peut-être pas aussi pertinent qu'il le croit. En Europe même, il n'y a pas unanimité sur la nécessité d'une harmonisation accrue des fiscalités nationales après l'avènement d'une monnaie commune (*cf. The Economist*, 30 novembre 1991, p. 53-54 et p. 69).

M. Bourassa s'est élevé à plusieurs reprises contre la politique de hauts taux d'intérêt et de dollar fort de la Banque du Canada qui défavorise, selon lui, le développement économique du Québec (*cf.* «Bourassa presse Ottawa d'abaisser la valeur du dollar», *Le Devoir*, 15 février 1988). Il n'a cependant jamais eu l'imagination ou la volonté d'aller au-delà de son opposition à une monnaie québécoise et de sa critique de l'union monétaire canadienne pour envisager une union continentale.

Quant au chef du Parti québécois, Jacques Parizeau, son point de vue sur la question a évolué récemment. Durant toutes les années où la politique officielle de son parti était la souveraineté-association, M. Parizeau penchait plutôt en faveur de la création d'une monnaie distincte pour le Québec. Pendant la campagne électorale de septembre 1989, il affirmait cependant que cela n'était plus nécessaire, la tendance mondiale — notamment en Europe — pointant vers les unifications monétaires. Selon lui, garder temporairement une monnaie commune avec le Canada ne serait en fait qu'une étape vers une éventuelle union monétaire nord-américaine (*cf.* «Le Québec ne créerait pas sa propre monnaie, dit Parizeau à *La Presse*», *La Presse*, 14 septembre 1989).

Curieusement, cette référence à une possible union monétaire avec les États-Unis est passée presque inaperçue et n'a suscité aucun débat, même si elle constitue une prise de position originale et extrêmement importante. M. Parizeau a réitéré ses convictions plus récemment (*cf.* «Parizeau redoute l'aventure avec une monnaie québécoise», *Le Devoir*, 16 décembre 1991) mais, encore une fois, ses propos n'ont suscité aucune réaction. C'est plutôt son affirmation selon laquelle le Québec pourrait décider unilatéralement de continuer à utiliser le dollar canadien qui a provoqué la controverse.

L'idée paraît encore trop singulière, semble-t-il, pour qu'on en débatte sérieusement. On peut toutefois parier qu'elle refera surface dans les années qui viennent, si l'intégration économique nord-américaine se poursuit et si le projet d'union monétaire européenne se concrétise comme prévu.

L'idéal de l'indépendance ne signifie plus, comme dans les années soixante et soixante-dix, l'appropriation des moyens politiques pour concrétiser un «projet de société» à la sauce plus ou moins socialiste et autarcique. La «gauche» indépendantiste est bel et bien devenue un phénomène marginal et anachronique, en cette ère où le libéralisme économique est enfin adopté à l'Est comme dans la plupart des pays du Tiers-Monde. Tout au contraire, il s'agit plutôt de se donner les moyens d'être plus compétitif dans un système économique dont l'ouverture, loin d'être remise en question, est vue comme une condition de base à la prospérité d'un petit pays comme le Québec. L'image d'un Québec indépendant qui se replierait sur lui-même, encore véhiculée dans certains médias anglophones, est tout simplement farfelue.

Le Québec continuera à se développer de façon interdépendante, selon un ensemble de règles communes aux sociétés avancées. Ces règles évoluent, toutefois, et les conditions qui favorisent la prospérité d'une économie post-industrielle sont plus efficacement instaurées par une approche à certains égards «collectiviste» que par une autre qui s'inspire du strict laisser-faire.

Dans une économie qui s'industrialise, les avantages naturels (climat, terres fertiles, richesses minières, cours d'eau, etc.) comptent pour beaucoup dans le développement économique et la main-d'œuvre la plus appréciée est celle qui est «docile» et chichement rémunérée. Au contraire, une économie post-industrielle fondée sur les services, des technologies «douces» et sur l'information nécessite d'abord une main-d'œuvre éduquée et compétente, des inégalités sociales réduites, une qualité de vie élevée aussi bien sur le plan environnemental que culturel. C'est la créativité, la propension à s'adapter aux changements et la motivation des individus qui constituent alors les principaux avantages comparatifs d'une économie et une main-d'œuvre qui présente ces traits s'avère la principale richesse naturelle d'un pays.

Les dimensions psychologique et culturelle deviennent nettement plus importantes dans ce contexte. Il s'agit en effet de produire certains biens collectifs qui nécessitent une plus grande coopération entre les divers agents économiques, un sens partagé de la direction du développement social, une solidarité informelle dans un système où les barrières formelles ont tendance à disparaître. Et tout cela implique dans une certaine mesure l'intervention de l'État, non pas pour amener des distorsions dans le fonctionnement du marché mais bien pour créer les conditions les plus favorables à un accroissement de la compétitivité dans l'espace économique qu'il gère.

Un Québec souverain serait certainement plus à même de produire ces conditions, non seulement grâce à des pouvoirs plus étendus et utilisés plus judicieusement que dans le système fédéral actuel, mais aussi à cause d'une motivation collectiviste accrue que susciterait un renforcement de l'espace collectif québécois. Comme nous l'avons vu dans le chapitre sur l'éthique, dans un système d'abord fondé sur le laisser-faire et les motivations individualistes, c'est l'apport supplémentaire de motivations collectivistes qui fait la différence dans la capacité de produire les biens collectifs qui favorisent la prospérité.

On peut donc constater un parallèle entre la logique de cet aménagement économique et celle qui a été élaborée dans une perspective plus générale pour les identités collectives: dans les deux cas, *la situation idéale est celle où l'on profite des avantages d'une intégration à des ensembles plus larges, tout en cultivant une cohérence interne à des niveaux plus restreints qui permet un dynamisme local et qui limite les pressions à l'uniformisation.*

L'idéal de l'indépendance du Québec a longtemps été fondé presque exclusivement sur des justifications éthiques et esthétiques. Seuls des individus très sensibles à cette dimension collectiviste du projet étaient susceptibles d'être motivés et de contribuer à l'action collective. Pour cette raison, le mouvement indépendantiste québécois a jusqu'à récemment été dominé par des artistes, des professeurs, des syndicalistes et des intellectuels.

Ce n'est plus le cas aujourd'hui. Il est maintenant possible de susciter des motivations individualistes, de nature économique, chez les individus moins réceptifs à l'obtention de GPc ou simplement plus soucieux quant à leur sécurité matérielle. Lorsqu'il deviendra évident pour une majorité de la population que l'accession à l'indépendance aura un effet à long terme au pire négligeable, au mieux positif, sur l'économie du Québec, les motivations collectivistes et individualistes s'additionneront pour former une contribution populaire amplement majoritaire.

Conclusion

Contrairement à ce que croient les nationalistes, il n'y a aucune logique sociale naturelle qui sous-tend l'existence de nations «unies et indivisibles»; aucun déterminisme politique qui prévoit l'accession à l'indépendance pour chaque entité culturelle; aucune justice historique qui impose de renverser les conséquences d'une défaite militaire plus de deux siècles après qu'elle soit survenue; ni aucun impératif philosophique qui commande la survie d'une langue, d'une culture ou d'un espace collectif simplement parce qu'ils existent déjà. L'indépendance telle que vue par les nationalistes n'a pas de sens lorsqu'on déconstruit les mythes qui justifieraient son avènement.

Ce nationalisme se veut «québécois», en ce sens qu'il réfère à une nation, à un territoire et à un État québécois. Et pourtant, la vision du monde qu'il véhicule est encore déterminée par la condition de minorité opprimée qui caractérisait la société canadienne-française. Non seulement le nationalisme véhicule des idées vaines et pernicieuses, mais il perpétue un discours périmé dans un contexte qui ne s'y prête plus.

En 1960, les politiciens, sociologues, fonctionnaires, écrivains, artistes, journalistes qui ont pris part à la Révolution tranquille ont amorcé un processus en se fondant sur un malentendu: ils ont cru moderniser la collectivité canadienne-française alors qu'ils créaient un nouvel espace collectif de référence, le Québec.

La collectivité canadienne-française et la société québécoise *ne sont pas la même chose*. Il ne s'agit pas simplement d'une nouvelle appellation pour une entité qui est fondamentalement restée la même. Ni le contenu, ni les limites de ces deux espaces collectifs ne sont semblables.

Les nationalistes n'ont toutefois pas encore compris toute la signification du réaménagement opéré par la Révolution tranquille. Incapables de se libérer des schèmes de pensée propres à la condition canadienne-française, ils continuent à tenir un discours misérabiliste où le groupe est vu comme une minorité menacée de toutes parts, aussi bien de l'extérieur que de l'intérieur. Chaque déficience ou manque de cohésion nationale prend des proportions apocalyptiques. Pour certains, nous serions encore une société vaguement arriérée, sans emprise sur son destin, et seule une mobilisation générale pourrait nous permettre d'établir fermement notre personnalité collective.

Tout cela pouvait avoir un sens dans le contexte d'avant la Révolution tranquille. Ça n'a toutefois rien à voir avec le Québec des années quatre-vingt-dix, qui est une société moderne et dynamique, confrontée comme toutes les sociétés contemporaines à des problèmes sociaux et économiques variés, mais qui n'a rien à envier au reste du monde.

Le discours nationaliste continue d'entretenir et de miser sur le sentiment d'aliénation de citoyens québécois de moins en moins aliénés, alors qu'il devrait plutôt présenter l'accession à l'indépendance comme la conclusion logique de l'évolution positive des dernières décennies et la condition la plus propice à sa poursuite. Il continue par ailleurs de présenter la Conquête de 1760 comme l'événement capital de notre histoire, la douloureuse rupture avec le passé de la Nouvelle-France que l'accession à l'indépendance permettra de cicatriser. Si cette vision pouvait elle aussi avoir un sens dans le contexte du nationalisme canadien-français, elle n'en a plus aucun dans un contexte québécois.

Il était logique — pas nécessairement juste, mais logique — jusqu'à la Révolution tranquille de concevoir le Canada français comme l'empire français d'Amérique déchu de son territoire, de sa liberté et de son avenir glorieux par l'ennemi héréditaire, l'Anglais. L'identité canadienne-française était alors essentiellement définie par la nécessité de survivre sur un continent hostile, en préservant les caractéristiques françaises et catholiques léguées par les ancêtres.

La Révolution tranquille a toutefois rendu obsolète cette fixation sur la Conquête. Quand on a rompu avec l'identité canadienne-française, le sentiment d'aliénation issu de la Conquête n'a plus de sens. L'identité québécoise n'a rien à voir avec tout cela. Le Québec contemporain ne serait pas ce qu'il est s'il n'avait intégré plus de deux cents ans de Régime anglais et de fédéralisme. Il serait de même une toute autre société sans sa communauté anglophone et les immigrants de divers pays venus y vivre, deux groupes qui étaient exclus de l'espace collectif canadien-français.

L'accession à l'indépendance ne signifie nullement un retour à la pureté française d'avant la Conquête mais bien une acceptation radicale de ce qu'est le Québec contemporain. Dans ce nouveau contexte, les anglophones ne sont plus l'oppresseur colonial dont on doit se libérer mais plutôt une partie de notre société définie par une caractéristique linguistique différente de celle de la majorité. C'est un élément positif que l'on doit accepter plutôt qu'un corps étranger qui nous menace. De la même façon, la réalité nord-américaine n'est plus l'environnement hostile contre lequel nous nous battons et dans lequel nous tentons de survivre. Elle est partie de nous et nous sommes partie d'elle. Le Québec n'a de sens que comme un élément de la modernité nord-américaine.

Pour toutes ces raisons, le discours nationaliste n'a plus sa place dans un contexte québécois. Il n'est qu'un vieux réflexe canadien-français qui se perpétue de façon artificielle, comme le discours traditionaliste qui a mis une quinzaine d'années à mourir après la Révolution tranquille. La meilleure chose qui puisse arriver pour le bien-être de notre société est qu'il subisse le même sort.

Si l'on croit que l'histoire a un sens, que la nature humaine vise à atteindre un degré de civilisation de plus en plus élevé, c'est le désir de s'inscrire dans cette évolution qui doit être le fondement de l'indépendantisme, comme de tout projet collectif.

Depuis les tribus de quelques dizaines d'individus qui formaient les espaces collectifs principaux des humains il y a dix mille ans, lors de la révolution néolithique, jusqu'aux États souverains qui sont le fondement du système international actuel, les réaménagements d'espaces collectifs ont été nombreux et variés. Les groupements humains n'ont jamais été statiques au cours de l'histoire. Des identités collectives apparaissent, puis disparaissent, des collectivités se forment, s'unissent, se séparent, se dissolvent. Il est impossible de fonder la légitimité d'un ordre actuel uniquement sur le passé. Ce ne sont pas des fondements historiques qui doivent déterminer le choix d'une identité collective à privilégier ainsi que les biens collectifs qui y correspondent, mais bien la possibilité d'un présent et d'un futur au meilleur potentiel de développement.

Faite il y a cent ans à partir des mêmes critères, l'argumentation contenue dans cet ouvrage aurait pu conduire à une conclusion tout à fait différente. Peut-être la perspective d'un Canada uni et bilingue d'un océan à l'autre aurait-elle été perçue, dans cet autre contexte, comme le projet le plus prometteur.

L'indépendance du Québec pourrait bien ne jamais se réaliser. Dans quelques décennies, la situation aura peut-être changé au point que, en refaisant la même analyse, on en vienne de même à des conclusions tout à fait différentes. La survie et la consolidation de l'espace canadien, s'il existe toujours, pourraient s'avérer alors le choix le plus pertinent pour ces futurs citoyens québécois. L'annexion aux États-Unis et l'assimilation totale dans l'espace anglo-nord-américain pourraient l'être aussi.

La réalité est en constante évolution et chaque situation historique est susceptible d'être réévaluée. L'affaiblissement ou la disparition de l'identité québécoise, à cet égard, ne constituerait pas un drame aux proportions incommensurables. Des centaines d'autres collectivités — dont le Canada français traditionnel — ont disparu au cours de l'histoire et personne ne s'en désole plus aujourd'hui. À l'échelle de la civilisation humaine, notre petite contribution n'a pas fait et ne fera pas une énorme différence.

Cette constatation ne devrait toutefois pas nous conduire à la résignation ou à l'indifférence. Tout au contraire, nous n'avons d'autres choix que de tenter de mettre nos vies en forme de la façon la plus signifiante possible. La vision non nationaliste d'un Québec indépendant qui a été proposée vise à faire du Québec et de Montréal des espaces créateurs, porteurs et diffuseurs de sens. C'est le désir de concrétiser cet idéal qui devrait d'abord nous motiver à agir.

Épilogue

L'élection du 25 octobre 1993 a clarifié les choix politiques qui s'offrent aux Québécois. L'arrivée au pouvoir d'un gouvernement libéral largement majoritaire avec à sa tête Jean Chrétien montre bien que la seule vision cohérente d'un Canada uni qui subsiste est celle inspirée par Pierre Trudeau.

Un seul parti politique canadien, le parti de la Réforme, offre une alternative à cette vision, partagée autant par les conservateurs et les néo-démocrates que par les libéraux. Les réformistes proposent d'éliminer les notions de multiculturalisme et de biliguisme «d'un océan à l'autre» qui définissent officiellement le Canada, de même que les programmes et le financement qui y sont rattachés. La culture et la langue deviendraient des responsabilités strictement provinciales.

Outre qu'il s'agit d'un parti minoritaire dont les appuis sont concentrés surtout en Colombie-Britannique et en Alberta, il est difficile de trouver dans la vision du «nouveau fédéralisme» que défend Preston Manning autre chose qui pourrait correspondre à un nouvel aménagement politique convenable pour le Québec. Au contraire, le programme réformiste met l'accent sur «l'égalité absolue des individus et des provinces» et rejette tout scénario qui proposerait un statut autonome différent pour le Québec.

En fait, la vision réformiste semble avoir été pensée pour un Canada sans le Québec. Elle propose une sorte de melting-pot canadien assez semblable à celui des États-Unis. La langue et la culture peuvent être déléguées aux provinces justement parce qu'il s'agit de dossiers mineurs, folkloriques, dans un espace unifié qui fonde sa distinction sur d'autres plans. Les dossiers importants vont continuer, eux, à être traités à Ottawa où le Québec n'aura qu'une voix parmi les dix qui composent le Canada.

Dans cette vision comme dans la vision trudeauiste, l'espace collectif principal continue d'être le Canada, un Canada qui fonctionne plus que jamais en anglais et où la différence québécoise ne peut être accommodée que si le Québec se fond dans le moule pancanadien et devient une province comme les autres. À moins de présenter un «nouveau confédéralisme» largement décentralisé, dans lequel le melting-pot québécois pourrait se maintenir en parallèle avec celui du Canada-anglais, le mouvement réformiste n'aura aucun écho au Québec. Et la principale leçon de trente ans de débats constitutionnels est qu'il n'y a justement aucun appui à ce genre d'aménagement confédéral dans le reste du Canada.

La moitié des électeurs du Québec ont appuyé le Bloc québécois lors de cette élection. Pour la première fois depuis qu'il est présent dans l'arène politique, le mouvement indépendantiste a une chance réelle d'obtenir l'appui d'une majorité des citoyens. Il reste à souhaiter que les réflexes nationalistes dont font encore preuve bien des dirigeants et militants du Bloc et du Parti québécois ne mettront pas en péril cette entreprise.

Lexique

Biens individuels et collectifs: Tout objet, situation, moyen, événement ou autre phénomène *directement* source de gratifications pour l'individu. Le bien individuel est généralement disponible à la consommation pour un seul individu. Le bien collectif est, lui, indivisible; il doit être disponible à la consommation pour tous les membres de la collectivité lorsqu'il est source de gratifications.

Conception de la réalité: Croyances qui tentent d'expliquer la réalité, de définir la position de l'individu dans le monde, qui ont pour but de justifier ou de condamner ce qui est et d'indiquer ce qui devrait être.

Gratification de type individuel (GPi): Gratification que l'individu recherche *en tant qu'individu*, sans que ses appartenances collectives soient en jeu.

Gratification découlant du sentiment d'appartenance à la collectivité (GPc): Gratification que l'individu recherche dans la mesure où il se considère membre d'une collectivité, où il ressent un attachement émotionnel envers elle et où cette appartenance modifie ses besoins, ses désirs, sa vision du monde, son comportement.

Identité collective: Ensemble des caractéristiques qu'un individu attribue à une collectivité à laquelle il croit appartenir, qu'il considère comme particulières à cette collectivité et par rapport auxquelles il se situe pour définir sa propre identité personnelle.

Identité de la collectivité: En théorie, ensemble des caractéristiques qui définissent la collectivité tout entière, considérée comme une unité en elle-même. En pratique, il est impossible d'en définir, de façon précise et objective, le contenu et les limites.

Intérêts individuels et collectifs: Tout objet, situation, moyen, événement ou autre phénomène qui reflète les rapports qui existent entre l'individu — dans le cas des intérêts individuels — ou le groupe — dans le cas des intérêts collectifs — et son environnement. Les intérêts sont les phénomènes qui, dans cet environnement extérieur à l'individu ou au groupe, peuvent influencer l'acquisition de gratifications de façon *indirecte* par les effets qu'ils sont susceptibles d'avoir sur les biens.

Motivation individualiste (MOTIVi): Désir d'obtenir des GPi, des biens individuels, ou de favoriser ses intérêts individuels par la production d'un bien collectif.

Motivation collectiviste (MOTIVc): Désir d'obtenir les GPc correspondant à une identité collective particulière par la production d'un bien collectif.

Mythe: Croyance qui ne correspond pas à la réalité objective.

Bibliographie

APPELBAUM, Malka, Debra Friedman, Michael Hechter, *A Theory of Ethnic Collective Action* in *International Migration Review,* vol. 16, nº 2, été 1982, p. 412-435.

BISSONNETTE, Lise, Lise Gauvin, Jean Larose, Pierre Perreault *et al.,* «Table Ronde. La spécificité culturelle du Québec: hors-d'œuvre ou question d'actualité?» dans *Possibles,* vol. 7, nº 2, 1983, p. 131-149.

BOUDON, Raymond, *Effets pervers et ordre social,* Paris, Presses universitaires de France, 1989, 282 p.

BOUDON, Raymond, *La place du désordre: critique des théories du changement social,* Paris, Presses universitaires de France, 1991, 245 p.

BRIMELOW, Peter, *The Patriot Game: National Dreams & Political Realities,* Toronto, KeyPorter Books, 1986, 310 p.

DEBRAY, Régis, *Critique de la raison politique,* Paris, Gallimard, 1981, 473 p.

DURKHEIM, Émile, *Sociologie et philosophie,* Paris, Presses universitaires de France, 1963, 141 p.

ELIAS, Norbert, *The Society of Individuals,* Oxford, Basil Blackwell Ltd, 1991, 247 p.

ENDLEMAN, Robert, *Personality and Social Life,* New York, Randow House, 1967, 624 p.

FELDMAN, Elliot J., Neil Nevitte, dir., *The Future of North America: Canada, the United States, and Quebec Nationalism,* Cambridge, Mass., Center for International Affairs, Harvard University; Montréal, Institute for Research on Public Policy, 1979, 378 p.

FERRETTI, Andrée, Gaston Miron (compilé par), *Les grands textes indépendantistes. Écrits, discours et manifestes québécois, 1774-1992*, Montréal, Éditions de l'Hexagone, 1992, 497 p.

HANDLER, Richard, *Nationalism and the Politics of Culture in Quebec*, Madison, The University of Wisconsin Press, 1988, 217 p.

JACOBS, Jane, *Canadian Cities and Sovereignty-Association*, Toronto, Canadian Broadcasting Corporation, 1980, 63 p.

JOHNSON, William, *Anglophobie made in Québec*, Montréal, Stanké, 1991, 479 p.

KOESTLER, Arthur, *Janus: esquisse d'un système*, Paris, Calmann-Lévy, 1979, 348 p.

KOLSKO, George, Edward N. Muller, Karl-Dieter Opp, *Rebellions Collective Action Revisited*, dans *American Political Science Review*, vol. 81, n⁰ 2, juin 1987, p. 557-564.

LAROSE, Jean, *La petite noirceur*, Montréal, Boréal, 1987, 206 p.

MISES, Ludwig von, *Human Action. A Treatise on Economics*, New Haven, Yale University Press, 1949, 889 p.

MONTMARQUETTE, Claude (animateur), *Économie du Québec et choix politiques*, Montréal, Presses de l'Université de Montréal, 1979, 531 p.

MULLER, Edward N., Karl-Dieter Opp, *Rational Choice and Rebellious Collective Action*, dans *American Political Science Review*, vol. 80, n⁰ 2, juin 1986, p. 471-487.

OLSON, Mancur, *The Logic of Collective Action. Public Goods and the Theory of Groups*, Cambridge, Mass., Harvard University Press, 1971, 186 p.

OLZAK, Susan, *Ethnicity and Theories of Ethnic Collective Behavior*, dans *Research in Social Movement, Conflits and Change*, vol. 8, 1985, p. 65-85.

OSBORNE, David, *Laboratories of Democracy*, Boston, Harvard Business School Press, 1988, 380 p.

PINARD, Maurice, «Self-Determination in Quebec: Loyalties, Incentives, and Constitutional Options among French-Speaking Quebecers», dans Davidson, W. Philips, Leon Gordenker, dir., *Resolving Nationality Conflicts: the Role of Public Opinion Research*, New York, Praeger, 1980, p. 140-176.

ROGOWSKI, Ronald, Edward A. Tiryakin, *New Nationalisms of the Developed West*, Boston, G. Allen & Unwin, 1985, 394 p.

SIMON, Herbert A., *Human Nature in Politics: The Dialogue of Psychology with Political Science*, dans *American Political Science Review*, vol. 79, no 2, 1985, p. 293-304.

TARDE, Gabriel, *Études de psychologie sociale*, Paris, V. Giard & E. Brière, 1898, 327 p.

TELLIER, Luc-Normand (colligés et présentés par), *Économie et indépendance: textes du Congrès de l'Association des économistes québécois* (avril 1977), Montréal, Éditions Quinze, 1977, 331 p.

WRIGHT, Robert, *Three Scientists and their Gods. Looking for Meaning in an Age of Information*, New York, Times Books, 1988, 324 p.

Table

CET OUVRAGE
COMPOSÉ EN PALATINO 11 POINTS SUR 13
A ÉTÉ ACHEVÉ D'IMPRIMER
LE VINGT-SEPT JANVIER
MIL NEUF CENT QUATRE-VINGT-QUATORZE
PAR LES TRAVAILLEURS ET LES TRAVAILLEUSES
DE L'IMPRIMERIE GAGNÉ
À LOUISEVILLE
POUR LE COMPTE DE
VLB ÉDITEUR.

IMPRIMÉ AU QUÉBEC (CANADA)